삶과 죽음의 메타포, 꿈

삶과 죽음의 메타포, 꿈

생애 말 영적 돌봄에 대하여

초판 1쇄 인쇄 | 2022년 06월 20일
초판 1쇄 발행 | 2022년 07월 04일

지은이 | 켈리 버클리·패트리샤 버클리
옮긴이 | 윤득형
발행인 | 강영란
편집 | 박관용, 권지연
디자인 | 트리니티
마케팅 및 경영지원 | 이진호

펴낸곳 | 샘솟는기쁨
주소 | 서울시 충무로 3가 59-9 예림빌딩 402호
전화 | 대표 (02)517-2045
팩스 | (02)517-5125(주문)
이메일 | atfeel@hanmail.net

홈페이지 | https//blog.naver.com/feelwithcom
페이스북 | https//www.facebook.com/publisherjoy
출판등록 | 2006년 7월 8일

ISBN 979-11-89303-82-2(03190)

※책값은 뒤표지에 있습니다.
※잘못 만들어진 책은 바꿔 드립니다.

삶과 죽음의
메타포, 꿈

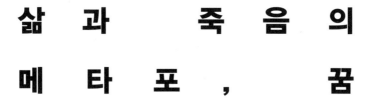

켈리 버클리·패트리샤 버클리 지음 / 윤득형 옮김

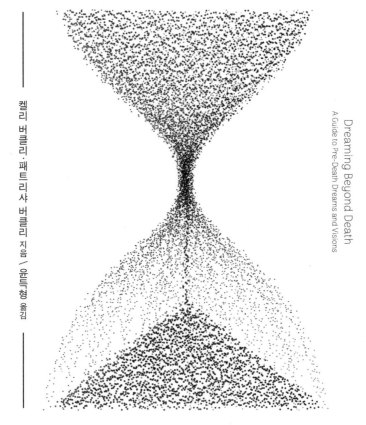

Dreaming Beyond Death
A Guide to Pre-Death Dreams and Visions

생애 말 영적 돌봄에 대하여

샘솟는
기쁨

죽음예지 꿈 해석을 통한
돌봄 안내서

꿈은 영적 현상 중 하나이다. 성경과 기독교 전통에서 꿈 이야기는 얼마든지 찾을 수 있다. 요셉은 꿈꾸는 자였으며 꿈 해석자였다. 그는 바로 왕의 꿈을 명철하게 해석함으로 총리의 자리까지 올랐다. 바벨론 포로기에 다니엘은 느부갓네살 왕의 꿈을 두 번이나 해석하여 왕의 총애를 얻었다. 꿈은 단순히 현실 세계에서 이루지 못한 소망을 실현하는 현상이 아니다. 하나님은 꿈을 통해 '우리의 행할 길을 알게 하시거나 기도에 응답을 주시기도' 하신다. 요즘도 하나님은 사람들의 꿈을 통해 깨닫게 하신다.

이 책이 흥미로운 것은 저자들이 실제 죽어 가는 환자들의 꿈을 다루고 있다는 점이다. 꿈 해석 나눔을 통해 삶과 죽음의 경계에 선 사람들의 마지막 여정이 어떻게 변해 가는지를 묘사하고 있다. 책의 제목처럼 꿈이 '삶과 죽음의 메타포'가 되고 있다. 또한 원저자들은 꿈 해석의 방법까지 자세히 안내하고 있기에 일반인들도 꿈 해석에 대한 이해와 통찰을 얻을 수 있다.

초고령사회를 앞둔 한국은 '생애 말 돌봄'에 관심을 많이 기울이고 있다. 이런 때 '꿈과 더불어 돌봄의 주제까지 다루고 있는 이 책'을 일독해 보길 목회자들과 평신도 지도자들에게 적극 권한다.

— 고신일 | 목사, 기둥교회 담임, 중부연회 31대 감독

윤득형 박사는 '죽음'이라는 명사를 삶의 과정으로 풀어내는 동명사의 동반자이다. 지식을 지혜로 순환하는 해석자이며 이론을 현장으로 전환하는 실천가이다. 이런 큰 줄기에서 이번에 번역한 책이 『삶과 죽음의 메타포, 꿈』이다.

원저자가 밝히는 집필 목적이 흥미롭다. 죽어 가는 사람을 돌보는 데 죽음예지 꿈을 진지하게 다루는 것은 삶과 죽음 그리고 임종 과정을 이해한다면 죽음에 대한 공포가 적어진다고 한다. 더 나아가 죽어 가는 사람과 돌보는 가족, 친구, 성직자, 상담사, 의료진이 죽음 직전의 삶을 변화시키는 꿈과 환상을 이해할 수 있는 근거 중심이며, 현장에서 적용 가능한 자료를 제공하려는 것이라고 하며 다음과 같이 덧붙인다.

꿈을 나누는 것은 정적, 존중, 공감의 성숙한 환경을 조성하는 데 효과적이다. 꿈은 표현하기 힘든 감정을 이야기하는 강력한 방법이다. 꿈은 역사 인류학 문화 과학적 대상이기도 하지만 인간 모두에게 있는 보편성을 가진 민주주의적 선물이다.

꿈이 가지고 있는 속성 중 예비적 기능이 '상징과 메타포의 해석'이라는 점에서 죽음의 품격을 높이는 대화의 소재로서 꿈과 환상은 모든 사람에게 잠재된 깊은 창조적 능력의 표현이다. 책에 등장하는 베티라는 여성 노인이 자신의 인생을 정리하는 새의 꿈과 영적 자원을 연결하는 예화는 인상적이다. 수면-꿈-죽음이라는 고리를 풀어내는 저자들의 동역이 부럽다.

죽음예지 꿈과 비전은 의식적으로 또한 계획적으로 의미 있는 삶의 종국을 맞이하기 위한 통합적 과정에서 그 역할을 한다. 많은 경우에 이러한 과정은 그 사람이 생각하는 하나님 이미지 혹은 종교를 넘어서서 자신보다 더 큰 영적 존재에 대한 자신의 감성 탐험을 포함한다.

번역 작업은 고되다. 언어가 원저자 문화의 옷을 입고 있어 원저자의 옷을 벗기고 번역자의 식견과 관점에서 독자가 사는 문화의 옷으로 바꾸어 입히는 작업이다. 윤득형 박사는 이론에 고립된 전문성이 아닌 다학제적 혹은 다학제간 소통을 통해 한 주제를 다루는 원서의 통섭의 묘미를 독자들에게 매력적으로 전달한다.

임상 현장에서 경험하는 죽어감의 과정을 통해 삶과 죽음을 씨줄과 날줄로 엮는 환우와 가족 그리고 다학제팀들을 향한 윤득형 박사의 노력은 서로 반목하는 문화와 세대가 함께 바라보며 공감하고 마주 보며 소통할 수 있는 내용을 전달한다.

— 김도봉 | 목사, 지샘병원 전인치유교육원 고문, 영성돌봄교육실천센터 대표

캘리 버클리와 페트리샤 버클리가 저술한『삶과 죽음의 메타포, 꿈』은 죽음예지 꿈을 통해 삶과 죽음에 대한 성찰을 다룬다. 동시에 죽음을 앞둔 말기 환자가 자신의 삶을 돌아보고 죽음을 수용하여 생을 아름답게 마무리하도록 돕는 안내서이다.

원저자에 따르면, 꿈은 누구나 꿈을 꿀 수 있다는 점에서 보편적인 것이다. 동시에 꿈을 꾸는 모든 사람이 자신의 꿈의 주인이며 해석의 전문가이다. 이렇게 꿈은 누구에게나 열려 있지만 꿈꾸는 자의 존재 방식을 계시하는 통로라는 점에서 꿈은 신비로운 존재의 선물이다.

삶의 끝에 선 사람들은 무의 깊은 심연 가운데 두려움과 직면한다. 이 과정에서 죽음예지 꿈은 실재하는 종교 체험이기도 하고, 인간 세상으로부터 저 너머 세계의 존재 방식으로 전환되는 성찰과 지혜를 선물한다. 이 책의 유용함은 죽음예지 꿈에 등장하는 상징을 주제별로 나눈 후 다차원적 범주를 특징화하여 이해하도록 하였다는 점이고, 다양한 방법적 도구를 제공하여 꿈 해석 기법을 소개하고 있다는 점이다.

역자 윤득형 박사는 죽음과 상담 영역의 전문가로서 소화된 번역을 통해 소중한 이 책을 한국의 독자에게 선물해 주었다. 애도의 과정을 겪는 사람들, 죽음을 직면한 분, 애도상담가, 돌봄이, 호스피스 전문가, 꿈을 공부하는 분들에게 일독을 추천한다.

— 이세형 | 박사, 협성대학교 목회상담학 교수

우리는 꿈꾸는 자,
누구나 꿈 해석을 할 수 있다

시카고신학대학원(Chicago Theological Seminary)에서 공부할 때 꿈에 관한 수업을 들은 적이 있다. 버틀러(Lee Butler) 교수님은 프로이트와 융 심리학을 비롯하여 현대 심리학에서 꿈을 어떻게 해석하는지를 가르쳤고, 학기 내내 학생들에게 '꿈 일지'를 기록하도록 권면했다. 꿈 일지를 기록하고 해석하면서 발견하게 되는, 현실 세계와의 놀라운 연관성은 꿈 연구에 대한 관심을 북돋아 주었다. 나의 학문은 늘 죽음에 대한 관심으로 이어졌기에 죽음과 꿈을 함께 다룬 이 책을 만난 것은 어쩌면 당연한 일이다. 흥미 있게 읽고 번역해야겠다는 마음을 품고 있었다.

지난해 한국목회상담협회 교수님들과 사적인 자리에서 이야기를 나누다가 한 분이 돌아가신 아버지가 꿈에 자주 나타난다는 말을 꺼냈다. 자연스럽게 꿈에 관한 대화가 이어졌고, 이 책을 떠올리며 함께 번역해 보자고 제안했지만 나서는 사람이 없었다. 집에 돌아온 나는 이 책을 꺼내 들었다. 예전에 몇 페이지 번역하다가 놓고 있었는데, 다시 읽기 시작하자 금세 절반을 읽게 되었다. 곧 번역을 시작하였다. 워낙 흥미로운 내용이기도 하지만, 단순히 꿈만 다루는 것이 아니라 삶과 죽음에 대한 성찰을 다루고 있어서 번역하는 내내 이 책의 시대적 필요성을 절감하였다.

죽음을 앞둔 이들의 꿈을 다루는 이 책 저자들은 이를 'Pre-Death Dreams and Visions'라고 말한다. 여기서 'Pre-Death'는 '죽음 전'이라기 보다 '죽음예지'에 더 가깝다. 그렇다고 해서 죽음예지 꿈이 일상에서 누구에게나 나타나는 것은 아니다. 본문에서는 죽음을 앞둔 말기 환자가 죽음에 임박하여 삶을 돌아보고, 죽음을 수용하고, 아름다운 마무리를 할 수 있도록 돕는 꿈을 말한다. 불현듯 자신에게 다가올 갑작스러운 죽음을 예견하는 의미에서의 죽음예지는 아니다. 이 책의 집필 목적은 다음과 같다.

죽어 가는 사람들과 그들을 돌보는 가족, 친구, 성직자, 상담사, 의료진들에게 죽음 직전에 찾아와 삶을 변화시키는 꿈과 환상의 신비에 대해 더 잘 이해할 수 있는 분명하고 접근 용이한 자료를 제공하기 위함이다.

이 책은 꿈에 관심 있는 일반인이나 꿈 연구 학자에게 필요할 뿐 아니라, 죽어 가는 환자를 돌보는 가족이나 의료적, 신체적, 심리적, 영적 돌봄을 전문 제공하는 사람에게 유용하다. 게다가 꿈 해석에 대한 기본적인 이해, 이론과 방법을 제공하고 있어 꿈에 관해 배우려는 입문자들에게 큰 도움이 된다. 구체적인 장별 안내는 프롤로그에 다루고 있으니 참고하기 바란다.

우리는 매일 꿈과 함께 살아간다. 현실의 삶 못지않게 꿈꾸는 삶이 차지하는 비중도 무시할 수 없을 만큼 크다. 인식하든 못하든 간에 어린 시절부터 지금까지 우리가 꾸었던 꿈의 종류는 다양하다. 반복적으로 나타나는 특정한 꿈 주제도 존재한다. 내가 자주 경험하는 꿈 주제들은 비행기 추락 꿈, 하늘을 나는 꿈, 바다에 둥둥 떠 있는 꿈 등이다. 어떤 꿈은 삶의 중요한 시기에 방향을 제시해 주는 의미 있는 상징으로 나타나기도 한다. 그러한 의미를 주었던 꿈 중 하나가 신발 꿈들이다.

15년 전 미국 유학을 준비하며 토플 시험을 앞두고 있을 때였다. 꿈에서 예배를 드리고 있었다. 수십 년 전에 지어진 예배당은 신발을 벗고 들어가는 구조였다. 예배가 끝나고 교회 밖으로 나오려는데 내 신발이 보이지 않았다. 순간 당황하였으나 신발장에 누구 것인지 모를 빛나는 흰색 운동화가 보였다. 나는 그 운동화를 신었고, 꿈에서 깨어났다.

이 꿈을 꾸고 난 후, 토플 성적이 잘 나올 것이라는 확신이 들었다. 비록 꿈 해석 전문가는 아니었지만 신발을 자아와 연결 지어 해석했던 듯하다. 새로운 신발은 새로운 자아를 입게 될 하나의 상징이었던 것이다. 미국 대학 지원을 앞두고 치르는 토플 시험, 내 인생의 큰 전환점이 될 수 있는 상황에서 새로운 신발을 신는다는 것, 그것도 '빛나는 신발'을 신는다는 것은 인생의 새로운 단계를 향해 나아갈 분명한 증거라는 확신을 주었다. 실제로 시험을 치르고 난 후 화면에 뜬 토플 점수는 상당히 괜찮았다.

이와 유사한 경험이 또 있다. 시카고에서 석사과정을 마무리하며 다음 진로를 위해 몇몇 대학의 박사과정을 지원하고 결과를 기다릴 무렵, 신발 꿈을 꾸고 나서 어려움 없이 다음 과정으로 진학할 수 있었다. 물론 모든 신발 꿈이 나의 삶에 변화를 준 것은 아니지만, 그럼에도 꿈이 삶의 특정한 상황과 관련되어 의미를 가질 수 있다는 사실을 알게 되는 계기였다.

이 책의 중요한 메시지 중 하나는 꿈 해석을 가장 잘할 수 있는 사람은 바로 꿈을 꾼 자기 자신이라는 것이다. 누구나 꿈꾸는 자이며, 훌륭한 꿈 해석자가 될 수 있다. 이 책은 우리에게 그러한 해석에 도움이 되는 안내자 역할을 한다. 특히 죽음예지 꿈은 죽음을 앞두고 불안한 가운데 있거나, 죽음 수용에 어려움을 겪거나, 다양한 영적·관계적·심리적 문제로 힘든 시간을 보내는 사람에게 유익을 준다. 또한 꿈을 통해 삶과 죽음을 성찰하도록 돕고, 죽음이라는 인간 숙명과 그것을 넘어서는 세계를 향한 희망과 확신을 전한다.

그런 의미에서 이 책은 아주 실제적이다. 언젠가 우리는 모두 죽을 것이고, 살아가는 동안 사랑하는 사람을 잃을 것이기 때문이다. 죽음예지 꿈은 그 상황에서 죽음을 앞둔 사람의 아름다운 마무리를 도울 뿐 아니라, 그를 돌보는 가족에게 깊은 위안을 주고, 사랑하는 사람의 죽음으로 인해 겪어야 할 애도 과정을 평안하게 한다.

죽음예지 꿈이 가르쳐주는 중요한 점은 살아있을 때 '나'의 죽음을 성찰하라는 것이다. 이는 현대 한국 사회에 일고 있는 죽음 교육의 의미와 가치를 그대로 반영한다. 인간 삶의 존엄한 마무리에 대한 추구는 시대와 문화를 넘어 인류 보편의 가치임을 보여준다.

우리는 살아가면서 종종 '삶이 불공평하다'라고 생각한다. 삶이 대체로 그렇지 않는가. 하지만 곰곰히 생각하면 인간에게 절대적으로 공평하게 주어지는 것들도 있다. 그 가운데 하나가 기본 생명 유지를 위해 자연적으로 제공되는 산소(공기)이다. (지구 환경 탓에 가까운 미래에는 공기를 돈으로 사야 할지도 모르겠다.) 꿈 또한 모두에게 공평하게 주어진다. 남녀노소 누구나 직업·지위·빈부를 따지지 않고 공평하게 나타나는 신비로운 현상이 꿈이다. 이런 경이로운 꿈에 대해 사람들의 관심과 학자들의 연구가 부족하다는 것이 신기할 정도다.

자, 이제 꿈의 세계로 여행을 떠나자. 책을 읽으면서 꿈 일지를 기록하고 싶은 마음이 든다면 미루지 말고 시작하는 것이 좋다. 이 책을 통해 꿈에 대한 사람들의 관심이 촉진되고, 꿈에 대한 더 많은 연구가 진행되길 바란다. 끝으로 삶의 의미와 가치를 추구하는 동안 늘 부족함을 경험하지만, 묵묵히 그런 나를 지지해 주시는 어머니와 장인 장모님께 감사드리고, 아내 세나, 딸 승희, 승연에게도 사랑과 감사의 마음을 전한다.

2022년 5월
옮긴이 윤득형

우리의 관심은

꿈 이론이

아니다

은퇴한 상선의 선장 빌(Bill)은 80대 중반에 골수암 진단을 받았다. 일 년 후 암은 전이가 되었고, 의사들은 더 이상 아무것도 할 수 없다고 말 했다. 그는 이제 몇 주밖에 남지 않은 자기 삶을 인식하고 깊은 우울감 에 빠져들었다.

삶의 끝. 그것이 전부였다. 단 며칠 안에 죽을 수도 있다. 아무 가망 이 없음에 허무함을 느낀 빌은 그 어떤 것에도 관심을 가지지 않게 되었 다. 과거에 있었던 일도, 현재 일어나고 있는 일도, 죽은 후에 일어나게 될 일도 그에게 남아 있는 희박한 시간 앞에서는 아무 의미가 없었다. 여기, 무(無)의 깊은 심연 가운데에서 결국 무언가 느끼고 있다는 것을 깨달았다. 그것은 두려움이었다.

점점 악화되어 가는 빌의 상태와 감정적 고통을 염려한 그의 아내는 호스피스 담당 직원에게 상담을 요청했다. 남편의 추락하는 영적 상태를 도우며 이야기를 나눌 수 있는 누군가가 있는지 물었다. 담당 직원이 제시한 상담 서비스 목록은 다양했다. 그와 아내는 다양한 옵션을 검토하고 나서 마침내 일반 상담사보다 목회자와 이야기를 나누는 것이 좋겠다고 결정했다. 최근 며칠 동안 그가 유년기에 의지하던 침례교 신앙에 대해 숙고하고 있는 자신을 발견했기 때문이다. 비록 종교에 대해 깊은 믿음을 가지고 있지 않더라도, 목회자라면 뭔가 자신을 정돈시켜줄지도 모른다고 생각했다.

이것이 바로 빌이 패트리샤(이하 티쉬)를 만나게 된 계기였다. 장로교 목사이면서 영적 서비스를 제공하는 호스피스 원목인 티쉬의 역할은 종교적 혹은 영적 문제에 관해 이야기 나누고 싶은 사람들의 요구에 따라 가정을 방문하는 것이었다.[1]

티쉬가 그의 집에 갔을 때, 아내가 반갑게 맞이하며 남편의 서재로 안내했다. 빌은 홀로 앉아 있었고, 방 안은 온통 그가 살아온 자취들로 가득 차 있었다. 선장일 때 탔던 배 사진, 동양의 예술 작품, 책과 서류들, 그리고 가족사진 등이었다. 방 안은 고요했으며, 편안하고 친숙하게 다가왔다.

하지만 빌은 평안해 보이지 않았다. 창백하고 일그러진 모습에 잔뜩 긴장되어 있었다. 티쉬는 그의 질병과 신체적인 불편함 정도, 암의 진행 상황 등에 대한 질문으로 대화를 시작하였다. 이어서 아내에 관한 이야기를 나누다가 그가 죽은 후에 그녀가 어떻게 지낼지에 대해 말했다.

---

1) '종교'와 '영성'에 대한 합의된 정확한 정의는 내리지 않지만, 이 책에서 두 단어는 인간의 통제나 이성을 초월하면서도, 인간의 삶 가운데 구별 가능하게 실재하면서 일정한 영향을 미치는 힘에 대한 인식을 의미한다.

그들은 죽어감, 죽음, 죽음 이후 세계에 대한 믿음을 주제로 대화를 이어 갔다. 또한 침례교 신앙의 가르침이 삶에 어떤 영향을 미쳤는지, 그리고 현재 느끼는 감정이 어떠한지 이야기하게 되었다. 마침내 그들은 고린도후서에 나오는 사도 바울의 말을 상기하였다.

그러므로 우리는 낙심하지 않습니다. 우리의 외적 인간은 낡아지지만 내적 인간은 나날이 새로워지고 있습니다. 우리는 지금 잠시 동안 가벼운 고난을 겪고 있지만, 그것은 한량없이 크고 영원한 영광을 우리에게 가져다 줄 것입니다. 우리는 보이는 것에 눈길을 돌리지 않고 보이지 않는 것에 눈길을 돌립니다. 보이는 것은 잠시뿐이지만 보이지 않는 것은 영원하기 때문입니다. [2]

티쉬가 방을 나오면서 그에게 말했다. "아마 하나님께서 당신을 위해 이 말씀을 예비해두고 계실 것입니다."

며칠 후, 두 번째 방문한 티쉬는 빌의 기분과 생기에 변화가 있다는 것을 알아차렸다. 지난번 방문했을 때 체념한 듯 우울했던 모습과 달리 눈빛이 살아있었으며 편안한 표정이었다. 그는 티쉬와의 대화를 기대하는 기색이 역력했다.

티쉬가 서재에 들어와 자리에 앉자마자, 보고하듯 말하기 시작했다. "지난번 당신이 다녀간 후에 아주 오래된 성경책을 꺼냈습니다. 처음으로 망망대해에 있는 배 조타실에서 몇 시간을 보내면서 홀로 남겨진 감

---

2) 고린도후서 4:16-18.

정을 느꼈던 때가 떠올랐습니다. 배의 키를 잡고 선 채 바로 이 낡은 성경책을 큰소리로 읽었죠. 그때 하나님과 연결되어 있다는 느낌이었습니다. 하나님이 바로 그 자리에 저와 함께 있다는 것을 알고 있었습니다. 비록 명확하게 하나님이 항상 함께하신다는 확신을 하지 못할지라도 말입니다. 지난주에 그 당시를 상기시켜주는 꿈을 꾸었습니다."

어느 깊은 밤, 미지의 바다를 다시 항해하고 있었고, 이전에 느꼈던 모험심이 다시 찾아왔습니다. 제 마음은 흥분되었습니다. 짙은 어둠 속 바다는 거대하고 황량했지만, 어쩐지 바른길로 항해하고 있다는 것을 알 수 있었으며, 파도를 밀치고 나아가면서 가슴이 설레었습니다.

"그러고 나서 이상하게 제가 죽는다는 사실에 더 이상 두려움을 느끼지 않게 되었습니다. 떠날 준비가 된 것 같습니다. 하루하루가 그렇게 느껴집니다." 그 다음주에 빌은 세상을 떠났다.

장례식에서 아내는 티쉬와 이야기 나눌 기회가 있었다. 비록 남편이 몹시 그립고 그가 없는 세상에서 어떻게 살아가야 할지 막막하지만, 그가 꿈을 꾼 이후 죽음에 대한 마음의 변화를 경험한 덕분에 그나마 남편을 편안히 보낼 수 있었다고 말했다.

이렇듯 꿈이란 역사를 통틀어 전 세계 각기 다른 문화권에서 많은 사람이 경험하는 삶의 마지막 며칠 혹은 몇 시간 안에 찾아오는 강력한 계시이다.[3] 대다수 문화에서 이러한 꿈은 실재하는 종교적 체험으로 이해되어 왔다. 죽어 가는 이들이 인간 세상으로부터 저 너머에 있는 세상의 존재 방식으로 전환되는 시작점이라 보는 것이다.

오늘날 많은 이들이 이러한 낯설고 환상적인 꿈의 의미에 대해 알지 못하더라도, 여전히 상당수의 사람이 눈에 띌 정도로 자주 죽음예지 꿈을 경험한다. 꿈이란 그저 뇌신경의 임의적인 자극으로 발생하는 현상일 뿐이라는 과학적인 권위가 지배하는 문화를 살아가고 있기에, 매우 놀라울 만큼 강렬한 죽음예지 꿈을 경험하고 나서도 사람들은 종종 자신의 육체적·정신적 건강을 의심하게 된다.[4]

그들은 육체의 질병이 정신에 손상을 가하여 이처럼 기괴한 환상적 분출을 일으킨 것은 아닌지 의심할지도 모른다. 어쩌면 지나친 처방이나 약의 복용 같은 의학적인 조치가 원인일 수도 있고, 그 너머 어떠한 종교적인 의미나 계시와는 전혀 상관없는 그저 육체가 쇠진해 가면서 겪는 자연스러운 현상일 수도 있다. 그렇다면 이러한 꿈들에 주목하는 것이 무슨 소용이란 말인가? 어찌 되었든 죽음을 향해 가고 있다는 말이 아닌가?

그렇다. 죽음이란 피할 수 없이 마주해야 할 현실이다. 아무리 강렬한 꿈을 꾼다 해도 그 사실을 돌이킬 수는 없다. 이러한 삶의 마지막 몇 주 혹은 며칠 동안 경험하는 무력감과 무가치함은 안타깝게도 죽음의 과정에서 얻을 수 있는 소중한 이해를 좁고 황폐하게 만든다. 호스피스 원목(티쉬)으로서, 꿈 연구가(켈리)로서 우리는 죽음예지 꿈과 환상들이 빌의 경우처럼 죽음에 대한 관점을 변화시키는 통찰과 지혜를 선물한다는 사실을 경험으로 확신하게 되었다. 심지어 이러한 꿈은 애도 기간에

---

3) Van de Castle 1994; Miller 1994; Lincoln 1935; Kelsey 1991; Jedrej and Shaw 1992; Young 1999; Ong 1985.
4) Hobson, Pace-Schott, and Stickgold 2000.

들어서는 남겨진 가족과 친구들에게도 도움을 준다.

사실 이러한 경험이 어디에서 비롯되었는지 확실히 알지 못한다. 뇌 신경의 작용에 의한 것인지 영적 실재의 어떤 기운에 의한 것인지 알 수 없지만, 우리가 믿는 것은 이러한 경험을 오로지 과학적이라고 말하거나 종교적으로만 설명하려는 태도는 부적절하다는 것이다. 이 책 후반부에 우리가 믿는 가장 적절한 이해에 관해 설명하겠지만, 간략히 말하면 이렇게 주목할 만한 보편적인 경험은 심리학과 다문화적 종교 역사의 통합에서 온다고 믿는다.

앞서 말한 것처럼, 우리의 주된 관심은 꿈 이론에 관한 것이 아니다. 이 책을 쓴 목적은 죽음예지 꿈과 환상을 진지하게 다루는 것이 죽어 가는 사람을 돌보는 데 미치는 실제적인 결과와 더 많이 관련되어 있다. 이러한 경험의 기원이 무엇이든 중요한 것은 감정에 주는 영향력이다.

꿈과 환상의 직접적인 결과로서, 그들은 삶과 죽음 그리고 죽음을 넘어서는 어떤 것에 대한 새로운 이해가 생기면서 죽음의 공포가 줄어들게 된다. 문제는 현대 사회를 살아가는 우리가 이러한 잠재적인 경험을 이해하기 위한 어떠한 안내나 자료도 가지고 있지 않다는 것이다. 이 책을 쓴 목적은 죽어 가는 사람과 돌보는 가족, 친구, 성직자, 상담사, 의료진에게 죽음 직전에 찾아와 삶을 변화시키는 꿈과 환상의 신비를 더 잘 이해할 수 있는 분명하고 접근 용이한 자료를 제공하려는 것이다.

우리는 이것이 쉬울 것이라고 말하는 것은 아니다. 빌의 경우처럼 비교적 이해하기 쉽고 선명한 꿈도 있지만, 대체로 낯선 상징과 해석하기 어려운 이미지를 포함하고 있다. 어떤 경우 해석이나 이해가 전혀 불가능한 기괴한 꿈도 있다. 사람들은 종종 자신에게 일어난 일을 일상 언어로 표현하는 것에 대해 몹시 어렵게 여긴다. 자신이 경험한 이미지의 선명함, 당시 느꼈던 감정의 강렬함, 현실처럼 느껴지는 생동감을 어떤 단어에 담아내기 위해 애쓰기도 한다. 그들은 대부분 꿈인지 비전인지, 환상인지 아니면 전혀 다른 어떤 것인지 구별하여 말하는 것조차 어려워한다.

이렇듯 엄청나게 다양하고 복합적인 경험들을 이해한다는 것은 실로 하나의 도전이다. 불가능한 것만은 아니다. 우리는 연구를 통해 죽음예지 꿈에 자주 등장하는 현저한 상징들을 주제별로 나눌 수 있었다. 그러한 꿈들을 기술하고, 그것이 의미하는 다차원적인 범주를 특징화함으로써, 자신을 위해서든 그들이 돌보는 사람들을 위해서든 독자 스스로의 노력과 실천을 통해 죽음예지 꿈들을 이해할 수 있는 좋은 기초를 제공하고자 한다.

그렇다고 우리가 제시하는 내용이 단순하다거나 모든 것이 하나로 딱 들어맞는 꿈 해석 모델이라는 것은 아니다. 단지 보다 넓은 차원에서 의식적 각성을 불러일으켜 꿈을 열어보도록 돕는 유연한 방법의 도구를 제공하려는 것이다. 이러한 방법을 목회 상담과 영성 지도뿐만 아니라 심리 치료와 병원 돌봄 등의 틀 안으로 발전시키며, 이어지는 내용을 통해 한 사람이 직면하게 된 급속한 생애 마지막 상황 어디서나 적용될 돌봄의 접근 방법을 제공할 것이다.

1장은 세계 문화 속에 존재하는 꿈과 죽음을 둘러싼 각기 다른 믿음과 실천에 관한 논의로부터 시작한다. 여러 문화권 사람들이 이해하는 '꿈을 꾸는 것'과 '죽어감' 사이의 깊은 연관성은 현대 사회를 살아가는 다양한 이들의 꿈을 탐색하는 유익한 역사적·문화적 맥락을 제공한다.

우리의 연구 접근은 상징적으로 감추어진 소망을 해석하기 위해 자유연상을 사용하는 측면에서 프로이트(Sigmund Freud) 심리학 관점을 차용한 것도 아니고, 보편적 원형이나 집단무의식적 상징을 추구하는 융(Carl Gustav Jung) 심리학 관점을 견지하는 것도 아니다.[5] 그보다는 인간의 삶에 널리 공유된 특징을 반영하고 있는 반복적인 꿈들의 패턴을 찾아내는 데 관심이 있다.

그래서 종교사회학자 웬디 도니거(Wendy Doniger)의 "상향식" 교차-문화적 비교 접근법을 사용하게 되었다. 그녀는 저서 『암시적 거미(The Implied Spider)』에서 이렇게 말한다.

> 내가 주장하는 방법은 … 무엇보다 중요하게 여기는 인간 보편성에 관한 것이 아니라, 몸, 성적 욕망, 생육, 양육, 고통, 죽음과 연관된 상세하고 독특한 이야기를 담은 어떤 연속성을 가정한다. 물론 그 상세함은 문화 중재를 피할 수 없을지라도 적어도 보편주의자들이 말하는 광범위한 개념 범주보다는 덜 문화적이게 중재된 것을 말한다.[6]

우리는 도니거의 방법을 따르면서, 꿈을 꾸는 것과 죽어감의 반복적 패턴인 교차-문화사를 더 배우면서, 오늘날 인간 경험이 가능한 모든 범주를 식별하는 채비를 더 잘 갖게 될 것이다.

2장은 죽음예지 꿈과 환상에 대한 논의의 기본 원리와 아이디어를

---

5) For more on Freud and Jung, see Bulkeley 1997.
6) Doniger 1998, p. 59.

요약했다. 이러한 원리들은 심리학, 인류학, 뇌과학, 발달생물학 등 현대 꿈 연구와 관련된 몇몇 자료로부터 차용한 것이다. 물론 모든 분야의 꿈 연구가 우리의 관심과 직접적 연관이 있는 것은 아니다.

현대 서구 과학은 지난 150년 동안 꿈 연구를 위해 상당한 에너지를 쏟아 왔다. 그러한 작업의 많은 부분은 꿈의 가치와 의의(그리고 모든 비이성적 현상)를 부정하기 위한 목적으로 진행되었다. 이러한 유물론적 접근과 반종교적 편견에도 불구하고 여전히 꿈에 관한 과학적 연구는 우리에게 많은 중요한 점을 가르쳐주고 있다. 특히 두 가지 이슈에 관심을 기울이고자 했다.

첫 번째 이슈는 꿈의 예지와 예비적 기능이다. 몇몇 연구가는 꿈의 기능들 가운데 하나가 개인의 효과적 적응 행동을 준비하기 위해 미래에 일어날 일을 보여주는 것이라고 하며, 이 견해를 지지하는 증거를 제시한다.[7] 이 관점에서 죽음예지 꿈은 삶의 마지막을 준비시키는 예지적 기능의 결정적 표현을 표상한다.

두 번째는 꿈에 나타나는 상징과 메타포의 해석이다. 꿈과 현실의 삶 속에서 정신의 기본적 암시 효과가 어떻게 작용하는지를 밝힌 인지언어학자 조지 랙오프(George Lakoff)의 이론을 토의할 것이다.[8] 암시적 사고의 본질은 이미 알려진(known) 것을 기초로 미지(unknown)의 상상을 그리는 것이다. 앞서 빌이 꾼 꿈의 경우, 그 메타포는 강력한 환기를 불러일으키지만 단순하다. 죽음이라는 미지(unknown)에 대한 놀람은 상

---

7) Jung 1968, 1974; Revonsuo 2000.
8) Lakoff 2001.

징적으로 항해라고 알려진(known) 것에 대한 매력과 대조될 수 있다. 어떤 이상하고 기괴한 꿈 또한 마찬가지로 주의 깊게 성찰하면, 대체로 꿈꾸는 사람의 현재 상황에 기초한 의미 있는 암시 구조가 드러난다.

이 책에서 다루는 모든 꿈은 자신에게 닥쳐올 죽음을 그려보며 떠오르는 뭔가 친밀하고 익숙한 은유와 상징을 포함한다. 이것이 바로 죽음 예지 꿈과 비전의 끝없는 다양성의 가치를 높이 평가하게 되는 지점이다. 개개인이 꾸는 꿈은 자신만의 삶의 역사, 언어, 문화적 다양성을 반영하기 때문이다.

따라서 다소 공통적인 패턴들, 은유적 표현의 무한한 다양성이라는 두 가지 특징을 잘 인지할 필요가 있다. 어떻게 이 둘을 조합하여 꿈을 해석하고, 그 해석으로부터 실제적인 결과를 가져올 수 있을지 신뢰할 만한 방법의 틀을 제시해야 한다.

그 다음 이어지는 3장에서, 가장 널리 알려진 죽음예지 꿈과 비전의 세 가지 은유적 주제 속으로 보다 깊이 들어간다. 3장은 죽음을 여행으로 묘사하는 꿈에 대해 논의한다. 빌의 꿈은 이 주제의 적절한 사례이며, 다른 사례에서도 수없이 발견된다.

이렇듯 "여행으로서의 죽음"이라는 은유적 주제는 죽어 가는 사람의 삶을 깊이 이해하고 확장시킨다는 점에서 이러한 꿈이 지닌 강력한 영향력을 보여줄 것이다.

4장은 꿈꾸는 자가 꿈속에서 경험하는 일종의 여행에 대한 안내에 대해 초점을 둔다. 이러한 안내는 종교적이거나 영적인 형상으로 나타나며, 때로는 죽어 가는 사람을 위한 도움이나 안내를 제공하기 위해 이미 세상을 떠난 신뢰할 만한 사람(가족 혹은 존경하는 선생님 등)이 나타나기도 한다.

5장은 특별히 죽음예지 꿈에서 만나는 장애물과 도전을 면밀히 들여다본다. 때로 그들이 마주하는 각각의 장애물들은 깊은 불안이나 해결되지 않은 갈등을 드러내는 의미 있는 표현들이기 때문이다.

6장에서는 지금까지 논의해 온 실제적인 도구들을 종합하여 죽어 가는 사람들을 돌보기 위한 통합 프로그램을 제시한다. 죽음예지 꿈과 비전을 탐색하는 것은 죽어 가는 사람의 육체적·정서적·영적 상태에 도움을 주기 위한 통전적 접근으로서 수행되었다. 이미 언급했던 바와 같이, 우리가 제공하는 이러한 접근 방법은 다양한 돌봄의 수많은 상황에 적용될 수 있다. 종교적이거나 그렇지 않거나 상관없으며, 이 분야에 훈련된 전문가에 의해 행해지거나 가족이나 친구처럼 비전문적인 사람들에 의해서도 가능하다.

삶의 끝자락에서 보내는 시간은 자신의 삶을 성찰하기에 효과적인 기회가 될 수 있다. 특별히 가족 간의 갈등, 미해결된 욕구, 오랫동안 눌려온 좌절감, 종교적인 두려움이나 불확실성 등 아직 해결되지 못한 문제와 염려를 다루는 시간이다. 죽음예지 꿈과 비전은 의식적이고 계획적으로 의미 있는 삶의 종국을 맞이하기 위한 통합 과정에서 그 역할을 한다.

많은 경우, 이러한 과정은 그 사람이 생각하는 하나님 이미지 혹은 종교를 넘어 자신보다 더 큰 영적 존재에 대한 자신의 감성 탐험을 포함한다. 우리는 죽어 가는 사람의 상당수가 하나님 이미지를 가혹하게 심판하는 모습으로 그리며 고민하고 있다는 사실을 알게 되었고, 이러한 상황에 찾아온 꿈이나 비전은 종종 죄책감을 동반한 불안감을 완화한다. 하나님의 현존에 대한 새로운 인식을 불러일으키면서 자신의 상태를 변화시키는 데 도움이 된다는 사실을 알 수 있었다.

결론에서는 이 책을 통해 다루었던 실제적인 방법을 요약하고 죽음예지 꿈과 환상의 역사적이고 문화적인 관점에서 성찰을 제공한다. 누구나 이러한 꿈과 환상을 경험하는 것은 아니다. 하지만 인간은 적어도 잠재적 가능성을 가지고 있다. 우리는 모두 환상의 씨앗을 마음에 품고 있다.

죽음예지 꿈과 비전에 대한 인간의 내재적 능력은 현대 정신 건강 체계 안에서 상당히 중요하다. 적어도 죽어 가는 환자를 돌보는 일에 훈련된 병원 의료진과 전문가는 이러한 경험이 일반적으로 일어난다는 사실과 실제 돌봄에 있어 유익한 자원이라는 사실을 인식해야 한다.

그보다 더 중요한 것은 정신 활성 의약품과 마약류 통증 완화제 사용의 증가에 대한 새로운 문제를 제기할 필요가 있다. 어떤 종류의 의약품은 꿈을 억제하는 효과를 지니고 있다. 누구도 불필요한 고통을 당할 필요는 없지만, 적어도 그러한 의약품이 환자에게 남아 있는 삶의 끝자락에 꿈꿀 수 있는 능력을 해치는 영향을 가져올 수 있다는 사실을 알려야 한다.

죽음예지 꿈과 비전의 위대한 가치가 의사 조력 자살에 관한 논쟁에 포함되어야 한다. 베이비붐 세대가 노년기에 들어서고, 새로운 연명 의료 기술이 인간 존엄성 유지와는 무관하게 생명 기간만 연장하는 상황 속에서 안락사에 대한 공적 토론은 점점 시급한 과제가 될 것이다.

갑작스럽게 치명적인 질병에 걸렸다는 사실을 알게 된 사람은 초기에 두려움과 공포에 휩싸인다. 이러한 주체할 수 없는 감정의 격동이 일어나는 순간, 사랑하는 가족들 혹은 자기 자신에게 더 큰 고통을 주지 않고 삶을 당장 마감하는 것이 가장 간단한 일이라 생각하기도 한다.

우리가 알아야 할 (혹은 돌보는 사람들이 그들에게 말해 주어야 할) 사실은 초기에 경험하는 두려움의 순간이 지난 이후에도 여전히 삶의 변화와 성장을 위한, 그리고 (얼마나 짧은 기간인지와는 관계없이) 그 시기에 완수해야 할 진정한 기회가 있다는 것이다. 우리가 죽게 될 때, 분명 새롭고 놀라운 다른 삶의 단계가 펼쳐진다. 이 책에서 희망하는 것은 육체적 존재의 마지막 단계를 풍성한 의미로 채우게 만들 꿈과 환상의 경험이라는 창구를 제공하는 것이다.

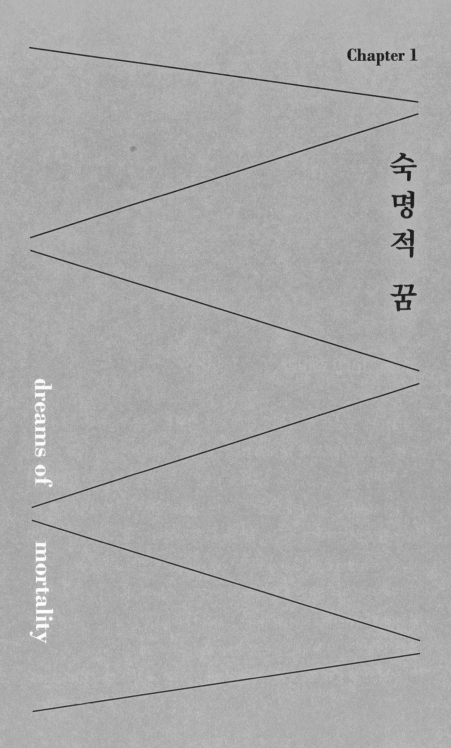

Chapter 1

숙명적 꿈

dreams of

mortality

Dreaming Beyond Death
A Guide to Pre-Death Dreams and Visions

꿈, 그리고 죽어감

dreams of mortality

    누구나 언젠가 죽는다. 우리 가운데 몇몇은 죽을 날이 머지않을 수도 있고, 조금 더 오래 살 수도 있을 것이다. 하지만 모두가 피할 수 없는 마지막 끝을 향해 가고 있다는 숙명을 공유한다. 이런 운명에 대한 인식이 우리를 인간답게 만든다. 다른 어떤 종(種)도 자신의 궁극적 소멸을 인식하는 저주와 축복의 역설을 알지 못한다.

    우리의 의식은 일상의 바쁜 활동에 집중되어 있다. 특히 죽음 기피를 자극하는 미국의 현대 문화는 더욱 그러하다. 하지만 아무리 의식적 관심이 일상에 매몰되어 있더라도, 우리 마음 깊은 무의식 영역 안에서 인간의 숙명은 영속적 관심으로 남아 있다.

    우리는 언젠가 죽는다는 사실을 알고 있다. 하지만 알고 있다고 해서 항상 인식하는 것은 아니다. 의식적으로 죽음에 관한 생각을 밀어내기도 한다. 언급하는 것을 애써 피하며 잊어버리고 살기도 한다. 이것이 바로 당신이 말기 진단을 받았을 때 극심한 고통과 절망을 경험하는 이유이다. 당신의 무의식 영역을 갑자기 의식적으로 마주하려다 보니 불안한 마음으로 인생을 신중히 돌아보게 되는 것이다.

인간의 유한성을 마주하는 잔혹한 현실은 그동안 감춰져 있던 무의식적 공포, 소망, 욕구들을 발현시키며, 꿈은 우리가 살아온 일생에서 죽음을 어떻게 인식하는지를 선명히 증거한다. 역사적으로나 문화적으로 죽음은 전 세계에 걸쳐 광범위하고 다양한 모습으로 나타나는 두드러진 꿈의 주제이다. 또한 오늘날 꿈속에 자주 되풀이되어 나타나는 요소라고 말할 수 있다.

실로 꿈과 죽음 사이 무의식적 연계는 확고하여 만일 이러한 결속에 주의를 기울이지 못한다면, 그것이 분석심리학이나 신경과학, 혹은 인지심리학 등 어떠한 꿈 이론이라 할지라도 충분히 고려될 수 없다.

말기 환자의 관점에서 봤을 때, 모든 꿈은 죽음예지 꿈이다. 모든 꿈은 다소 미묘한 방식으로 인간 삶의 유한성에 대한 묵상을 추구한다. 전 생애에 걸쳐 우리는 무의식적으로 자신의 죽음을 준비해 간다. 꿈의 기능 가운데 하나는 엄밀히 말해 용기와 지식을 가지고 삶의 마지막을 마주하도록 도울 의미를 창조하는 것이다.

어린 시절부터 노년기에 이르기까지 삶의 전 주기에 걸쳐 나타나는 인간 꿈속 주제들과 패턴의 탐색을 통해, 이러한 의미-만들기 과정에 대해 많은 것을 배울 수 있다. 인간이 경험하는 꿈의 기본 원칙을 더 많이 이해하는 것은 다음 장에서 다루게 될 죽음예지 꿈 주제를 보다 집중적으로 토의할 수 있는 바탕을 제공한다.

생애 주기에 걸쳐

꿈 연구가는 언제 아이들이 꿈을 꾸기 시작하는지 확실히 알지 못한다. 어떤 학자들은 꿈을 꿀 수 있는 능력이 3~4세 이전에 발달하지 않는 복잡한 인지 기능에 달려 있다고 주장한다. 그 나이가 되기 전에는 사실상 꿈을 꿀 수 없다는 의미이다. 또 다른 학자들은 대부분의 꿈 현상이 일어나는 수면 단계인 '렘수면(Rapid Eye Movement Sleep)'은 태아가 자궁 안에 있을 때부터 시작하고, 언어 표현 능력의 발달 부족으로 그 경험을 묘사하기 힘들 따름이지 꿈을 꾸는 것은 생명의 초기부터 가능하다고 주장한다.[9]

생명의 시초부터 꿈을 꾼다는 신비로운 이야기는 생애 말 꿈의 불가사의를 비추어 볼 수 있는 전조가 된다. 꿈 연구가들이 발견한 것은 많은 이들이 아주 어린 나이에 악몽을 경험하며, 이것이 죽음의 위협이라는 주제로 연결된다는 사실이다.

좋지 않은 꿈들의 기본 형태는 악의가 있는 적대자가 두려워하며 도망치는 아이를 공격적으로 거침없이 추격하는 "쫓기는" 시나리오다. 이러한 꿈에서 무력감과 좌절감을 겪으며 몹시 고통스러워한다. 많은 사람이 이 같은 어린 시절의 강렬한 꿈 경험을 나이가 들어서도 기억한다.

---

9) Foulkes 1999; Hobson, Pace-Schott, and Stickgold 2000.

학령기 아이들은 자신을 포함해서 살아있는 생명체가 모두 죽는다는 것을 분명히 이해하게 된다. 특히 도시 외곽 자연환경 속에서 자라는 아이들은 죽음이 새로운 삶을 위한 전제가 된다는 것을 인식한다. 모든 생명체가 죽을지라도 살아있는 것은 모두 새로운 생명을 생성하는 능력이 있기에 개별 생명체의 죽음은 그것을 초월하여 생명의 지속적인 형성 과정에 기여한다.

아이가 이러한 마음의 깨달음을 얻을 때, 꿈속에서 죽음은 변화, 변혁, 창조성(나아가, 죽음을 새로운 생명의 시작으로 인식하며 예수의 부활을 아이들에게 가르치는 신앙 공동체에 담겨 있는 수많은 의미)의 은유로 나타나기 시작한다.

새로운 발달적 획득이 아이의 이전 자아감을 점점 더 먼 과거의 영역으로 몰아넣고 있는 한, 실로 성장한다는 것은 그 자체로 죽어 간다는 것을 내포하고 있다. 한 아이가 죽음에 대한 꿈을 꾸었다고 생각해 보자. 이 꿈은 반드시 어떤 사람의 실제 육체적 죽음에 관한 것이 아닐 수 있다. 오히려 그 아이 자신의 이전 자아 정체성의 죽음에 대한 은유일 수 있다.

토마스(Thomas)는 열네 살 때 갑자기 죽음에 대한 꿈을 계속해서 꾸기 시작했다. 사람들의 죽음, 동물들의 학살, 바다에 시체들이 널려 있는 꿈을 반복해서 꾸었다. 어머니는 이러한 소름 끼치는 죽음 꿈들이 무엇을 의미하는지 몹시 궁금했다. 최근 몇 년 동안 죽은 가족이 아무도 없었고, 토마스의 청소년 생활도 원만했기 때문이다. 정말 잘 생활하고 있었다.

어머니는 최근 몇 주간 토마스가 눈에 띌 정도로 집안일에 관심을 쏟는다는 사실을 알아챘다. 시키지 않아도 방을 깨끗이 정리하고, 설거지를 하고, 하루에 두 번 강아지를 산책시켰다. 또한 토마스 방에서 삶의 우선순위에 따라 할 일을 주의 깊게 적은 '계획표'를 발견하기도 했다.

어머니가 이러한 사실을 켈리(Kelly)에게 설명하면서 아들의 꿈에 관한 귀한 깨우침을 얻었다고 말했다. 그것은 토마스가 이제 더 성숙하고, 독립적이며, 스스로 동기를 부여할 줄 아는 성인기로의 중요한 첫걸음을 내딛고 있다는 사실이다. 더불어 책임감에서 자유로운 어린 시기를 벗어나고 있는 과정이었다.

이를 정서적인 감각으로 표현하자면, 토마스의 유년기는 "죽어 가는" 것이며, 새로운 어른으로서의 인격이 "탄생"하고 있었다. 죽음과 죽어감이 반복되는 그의 꿈은 이러한 성장 과정에 대한 의미와 느낌을 정확하게 표현하는 메타포였다.

일반적으로 절박하고 위험한 죽음예지 꿈은 실제적인 죽음과 연관이 없을 때가 많다. 전형적인 예는 절벽에서 굴러떨어지거나 비행기에서 추락하는 꿈이며, 이러한 꿈은 대개 급속도로 하강하여 땅에 부딪히기 직전 꿈에서 깨어난다. 어떤 사람은 꿈에서 죽기도 한다. 하지만 대개 그 무서운 위험에서 죽는 순간 꿈에서 깨어나는 방법을 알고 있다.

이렇게 자신이 죽는 꿈은 어떤 경우에는 육체적으로 평상시와 다른 강렬한 느낌을 주기도 한다. 심장이 폭발할 것 같은 느낌이나 피가 머리끝을 통과한 것 같은 느낌, 혹은 몸에서 떨어져 나가 둥둥 떠다니는 느낌 등이다. 이런 특별한 느낌의 꿈은 꿈꾸는 사람의 삶에 심오한 변화가 일어나고 있을 가능성이 큰 꿈으로서 의식적으로 성찰할 가치가 있다.

낯설고 유별난 요소들은 종종 창의적 통찰과 의미를 만들기 위한 좋은 기회가 된다. 수천 개의 꿈을 수집한 연구에 따르면, 대부분의 꿈은 놀라울 정도로 우리 일상의 평범한 상황들을 잘 반영하고 있다고 한다. 꿈의 무대는 친숙하고, 등장인물은 잘 알려진 사람들이고, 활동은 실제 삶에서 정기적으로 해온 일과 거의 일치한다. 대체로 꿈은 일상의 관심이나 걱정과 조화를 이룬다. 그렇기에 유별나고, 믿기지 않고, 신체적으로 불가능한 꿈의 요소들이 출현하게 될 때 더 주목하게 만든다.

어떤 학자들은 이러한 환상적인 꿈 내용의 요소들은 잠자는 동안 인지 활동 부족의 증거로서 단순히 무의미하다고 주장한다. 아마 기괴한 꿈들의 몇 퍼센트 정도는 사실일 수도 있다. 하지만 우리가 경험한 바에 따라 겉으로 보기에 무의미해 보이는 이상한 꿈도 좀 더 세밀히 조사해 보면, 의식하지 못한 창의적인 통찰의 순간임이 드러난다. 겉보기에 터무니없고 무의미한 것 같은 꿈이 놀랍게도 의미 있고 연관이 있는 꿈으로 인식되며, 깨달음을 얻는 순간을 맞이하게 되는 것이다.

이러한 내용은 이 책 후반부에서 더 다루게 될 것이다. 간단히 말해 "기괴한" 꿈의 요소들을 손에서 떼지 말라는 것이다. 꿈에서 가장 이상한 부분이 어쩌면 새로운 지혜와 이해를 열어줄 가능성을 지니고 있다는 사실을 놓치지 말라. 어떤 꿈이 낯설고 기이한지 좀 더 충분히 살펴보는 것은 무엇이 "평범한" 꿈인지 아는 데 도움이 된다. 지난 반세기 동안 가장 일반적인 모습의 꿈이 어떤 것인지 그 윤곽을 살펴보는 연구들이 이미 많이 수행되었고, 이는 평범하지 않은 꿈의 형태를 평가하기 위한 유용한 배경을 제공하였다. [10]

평균적으로 남성들(특별히 결혼하지 않은 남성들)의 꿈은 여성보다 남성

---

10) Domhoff 1996, 2003.

에 대한 꿈이 훨씬 많다. 여성보다 남성이 두 배 정도 더 많이 등장한다. 반면 여성의 꿈에는 남성과 여성이 균형 있게 나타나는 경향이 있다. 여성의 꿈은 친밀한 사람이 자주 등장하고, 남성의 꿈에는 낯선 사람이 더 많이 등장한다. 실내를 배경으로 하는 꿈은 여성에게, 실외 배경은 남성에게 더 많이 나타난다. 남성이나 여성 모두 동물에 관한 꿈이나 죽은 사람 혹은 상상의 인물은 잘 나타나지 않는다. (이러한 등장인물은 주로 아이들 꿈에서 종종 나타난다).

남성과 여성의 꿈에서 사람과의 상호작용은 친근함과 공격성이 대략 비슷한 정도로 나타나지만, 남성의 경우는 신체적인 공격성과 성적인 면이 더 많다. 여성의 꿈은 감성적인 내용이 더 많고, 그들의 꿈 보고서에는 분명한 감정의 묘사를 담고 있다. 남성과 여성의 꿈 모두 부정적인 감정(슬픔, 분노, 두려움)이 나타나는 경향이 있고, 대부분 좋은 일(기적, 행운)보다 불행한 사건(사고, 손상, 상처, 예기치 않은 어려움 등)이 더 많다.

이러한 꿈에 대한 임상 결과는 절대적이라고 일반화하거나 불변하는 것으로 인식해서는 안 된다. 이 분야의 연구는 여전히 적은 표본으로 연구하고 있기에 한계가 있고, 이미 알고 있는 바와 같이 문화의 다양성과 심리 변화 요인이 꿈에 나타나는 특정한 세부 내용에 큰 영향을 미친다. 분명한 것은 하나의 '옳은' 혹은 '일반적인' 꿈이란 없다.

하지만 꿈 내용의 광범위한 패턴들에 대해 배우는 것은 가치 있는 일이다. 무엇이 '평범한' 꿈인지를 아는 것은 어떤 꿈이 정말 '평범하지 않은' 것인지 쉽게 파악하는 데 도움이 된다. 자신의 꿈과 다른 사람의 꿈을 비교하는 것은 그렇게 하지 않았다면 인지하지 못할 자세한 뜻을 알게 한다. 여기에 관한 예는 다음 장에 이어서 기술하고자 한다.

수십 년간 지속되어 온 꿈 일지에 관한 연구는 개개인의 독특한 꿈 패턴 유형이 주목할 만큼 일관적이라는 사실을 보여 왔다. 우리는 각자 일생에 걸쳐 나타나는 자신만의 특색 있는 꿈 주제가 있다. 청소년 후기부터 중년에 이르기까지 꿈 내용의 기본적인 형태는 배경, 시나리오, 등장인물이라는 측면에서 지속적으로 이어진다.

이러한 놀라운 예는 '도르시'라는 익명의 여성이 연구자에게 제공한 15년치 분량의 꿈 일지 (1916년부터 1963년까지 기록 중 일부)에서 나타난다. 그녀의 꿈을 연구하며 발견한 것은 여섯 가지 주제가 동일한 빈도로 15년 동안 반복되었다는 것이다. 적어도 이 주제들(음식을 먹거나 음식에 대해 생각하는 것, 물건을 잃어버리는 것, 작은 방에 홀로 있는 것, 엄마와 함께 있는 것, 화장실에 가는 것, 어딘가에 늦는 것) 가운데 하나가 꿈속에 나타나는 비율이 거의 3/4 정도에 이르렀다.[11]

이 연구와 또 다른 연구들에서 제언하고 있는 것은, 꿈이 일상생활의 기복을 반영할 뿐 아니라 인격의 영구적인 속성과 세상에서의 존재 방식을 형성하는 기본적인 관심을 반영하고 있다는 것이다.

꿈 내용의 중대한 변화는 노년기에 접어들면서 신체적 능력의 약화와 사회 활동 영역의 축소와 함께 나타난다. 이 시기의 꿈이 결핍, 혼란, 조절의 상실, 자원의 상실 같은 주제로 집약된다는 것은 그리 놀랄 만한 일이 아니다. 노년의 전형적인 꿈 주제는 요리의 어려움, 화장실 고장, 물건 잘못 놓음, 운전 중 길 잃어버림 등이다. 수면의 질 저하를 동반하여 노인들이 반복적으로 경험하는 이러한 부정적인 꿈은 그들로 하여금

---

11) Domhoff 1993.

꿈에 대한 관심을 감소시키고, 꿈 회상 능력을 감퇴시키는 결과로 이끈다. 만일 노인이 꾸는 꿈이 이미 알고 있는 해결할 수 없는 문제들만 상기시킨다면 그들이 꿈에 집중해야 할 이유는 무엇이겠는가?

우리는 꿈이 모두에게 만병통치약으로 작용한다고 주장하는 것이 아니다. 단지 강조하는 것은, 생애 말기에 꿈의 감소 현상은 필수 불가결한 운명이 아니라는 것이다. 좋은 수면의 질과 꿈꾸는 상상력의 건강한 관계 향상은 언제든지 가능하다. 수면 의학은 최근 들어 큰 발전을 이루었고, (정기적인 가벼운 운동, 실외 활동, 지속적인 지적 자극 등) 간단한 생활 방식 훈련은 수면의 길이와 편안한 잠자리가 확실히 효과적이다. 여기에 관해서는 윌리엄 디멘트(William Dement)의 『수면의 약속(The Promise of Sleep)』을 참고하라.[12]

비록 노인이 자주 꿈꾸지 않고 더군다나 기분을 언짢게 하는 내용이더라도, 꿈은 여전히 그들의 정신세계 깊은 영역을 열어주는 창문이며, 현실의 어려움을 통찰할 수 있는 창의적 상상으로서 가치 있는 표현이다. 노인과 말기 환자에게 돌봄자의 역할은 중요하다. 그들이 노인과 말기 환자의 꿈을 이해하려고 노력할 때 진정한 동반자로서 돌봄의 가치를 실현할 수 있다.

이 책에서 바라는 희망은 다양한 돌봄 가운데 어떠한 상황이라도 꿈 성찰을 그중 한 가지 요소로 포함하도록 돌봄자를 격려하는 것이다. 만일 당신이 다른 사람의 평온한 수면을 돕고, 꿈을 더욱 생생히 인식하도록 도울 수 있다면, 그들에게 고통을 주는 것이 무엇이든지 남은 삶이 얼

---

12) Dement and Vaughn 1999.

마이든지 간에, 그들을 위해 정말 많은 일을 한 것이다.

방문

이제 논의를 조금 더 확장해서 다른 시대와 공간을 경험하는 죽음예지 꿈에 대해서 살펴보자. 우리는 죽어감, 죽음, 그리고 죽음을 초월하여 존재적 통찰을 가져다주는 수많은 꿈을 발견했다. 특별히 '방문 꿈'은 더 많은 연관이 있다.

최근 죽은 가족이 안내, 안심, 혹은 경고를 위해 방문하는 격렬한 감정과 깊은 인상이 남는 꿈은 역사적으로 전 세계와 문화에 걸쳐서 보고되고 있다. 인류학적 꿈 연구들 가운데 다양한 문화에 걸쳐 나타나는 방문 꿈의 출현은 주목할 만한 발견이며, 이는 죽음과 꿈 사이의 주요한 연결점을 강조한다.

방문 꿈은 그렇게 자주 나타나지 않는다. 사실 전체 꿈 주제 가운데 1% 정도일 만큼 드물다.[13] 방문 꿈을 주목할 만하게 만드는 것은 일반적인 꿈과 분명히 구별되는 색다른 강렬함과 생생한 경험이다. 사람들은 방문 꿈에 대해 "현실보다 더 현실적"인 느낌이 들었다고 종종 말한다. 꿈에서 깨어나서 일상생활을 할 때도 이러한 흥분된 감정이 지속되었고, 몇 년이 지나도 회상할 만큼 강렬하여 기억에 오래 남는다고 말한다.

다음은 방문 꿈의 강력한 영향력, 애도 과정에서의 역할, 그리고 그

---

13) This estimate is based on the admittedly limited findings of Hall and Van de Castel.

것들이 제기하는 심오한 종교적 질문들을 확인할 수 있는 좋은 예를 보여준다.

오리건(Oregon)에 살고 있는 킴(Kim)은 32세 교사로, 친구들과 함께 대학 시절에 친구 케이스(Keith)를 병문안하였다.[14] 케이스는 암으로 고통당하고 있었으며, 죽음이 얼마 남지 않은 상황이었다. 킴은 병원 중환자실에 누워 각종 연명 의료 장치에 매달려 있는 친구의 흉측한 모습에 당황하였다. 케이스는 킴과 친구들이 하는 말을 들을 수 있었지만, 기계장치에서 나오는 삑삑거림만이 그의 응답을 대신할 뿐이었다.

병원에서 나온 후 킴은 후회로 가슴이 찔렸다. 마지막으로 케이스의 손을 한 번 잡아주는 것을 잊었던 것이다. 감정적으로 압도당한 나머지 케이스의 손조차 만져보지 못했다. 그리고 케이스가 죽은 지 한 주 정도 지난 어느 날 밤, 킴은 꿈을 꾸었다.

킴이 침대에 누워 있고, 케이스가 침대 곁으로 다가왔다. 그가 천천히 손을 뻗을 때, 그의 피부에서 전해지는 따스함을 느낄 수 있었다. 그는 가까이 다가와 부드럽게 내 손을 오랫동안 잡아주었다. 그때 느꼈던 손의 감촉은 꿈이라고 믿어지지 않을 만큼 너무나도 현실 같았다. 살결의 따스함뿐 아니라, 손의 두께와 강도, 심지어 손가락과 손바닥에 난 주름까지 느껴질 정도였다. (나는 실눈을 뜨고 케이스가 실제 내 곁에 있는지 확인했다. 지금까지 이토록 현실처럼 느껴지는 꿈을 꾼 적은 없었다.) 꿈에서 우리는 서로 아무 말도 하지 않았으며 어떤 소리도 듣지 못했다. 그때 분위기는 평온함

---

14) reported in an interview to Kelly. ???? 번역

그 자체였다.

킴이 깨어났을 때 케이스의 손길이 여전히 남아 있는 것만 같았다. 그녀는 실제로 손을 잡지 않고서 이처럼 강력한 신체의 현실 감각을 느낀다는 것은 불가능하다고 믿어 왔다. 킴은 평상시 미신적 현상에 냉소적이었고, 고등학교 생물 교사로서 이성과 과학이 주는 가치를 깊이 신뢰하고 있던 터였다.

비록 꿈이 유령이나 귀신의 존재를 증명하는 것은 아닐지라도, 그녀는 단 한 번도 경험하지 못한 꿈이 사실이라는 것을 인정했고, 너무나 실제적이기에 꿈이라 부르기조차 주저할 정도였다. 어찌 되었든 그녀는 케이스가 실제로 자신을 찾아왔고, 마지막 순간 병원에서의 뼈아팠던 후회에 대해 위로하려는 것 같았다.

꿈에서 그들의 위치가 뒤바뀌어 있었다. 꿈에 킴은 아무런 움직임 없이 침대에 누워 있고, 케이스는 침대 곁에 서 있다. 마침내 킴이 미처 하지 못해서 후회하고 있던 일을 한다. 그가 킴의 손을 잡고 마지막 인사라는 듯 소리 없는 작별을 전한 것이다.

이러한 꿈은 사랑하는 사람의 죽음이라는 고통스러운 현실에 위안을 주면서 일종의 탈출구를 제공하는, 프로이트 관점이라면 소망 성취혹은 하찮은 환영이라고 쉽게 말할 수 있다. 하지만 이 관점은 꿈의 특별함과 꿈꾸는 사람의 감정에 오래 남아 있는 지속적 영향을 무시하는 것이고, 상실 이후 마음을 다스리는 과정에서 꿈의 중요한 역할 인식에 실패한 것이다.

킴의 예에서 알 수 있듯, 꿈은 죽음의 모호한 현실을 재인식하는 방식으로서 소중한 가치를 지닌다. 사랑하는 사람은 죽었고 육체는 사라져 버렸지만, 그 사람과의 감정적 관계에서 경험하는 그 무언가는 선명한 현실이 되어 마음속에 남아 있다. 방문 꿈은 죽음의 초월적인 성격을 부정하지 않으며, 육체의 삶 너머까지 확장시키는 인간 결속의 경험적인 증거를 제공한다.

방문 꿈을 경험한 수많은 사람이 주장하는 꿈의 초현실성에 비추어 본다면, 이러한 꿈은 적어도 인간의 뇌 구조 안에서 일어나는 평범한 현상이 아니라, 어쩌면 '죽은 사람의 영혼과 실제 만남이 이루어진 것이 아닐까?'라는 자연스러운 의문을 갖게 한다.

세계사 문화에서 볼 수 있는 대다수의 경우를 참고하면, 이 질문에 대한 답변은 '그렇다'이다. 호주와 남태평양 원주민 부족들, 아프리카 부족 공동체, 남북아메리카의 원주민, 그리고 중국, 인도, 이집트, 그리스의 고대 문명에서 꿈은 항상 죽은 영혼과의 지속적인 접촉을 위한 주요한 방법으로 여겨 왔다.

이 문화권은 서로 다른 철학과 영적 세계관을 가지고 있음에도 불구하고 우리 일부(영혼, 정신, 영적 자아 등)가 다른 실체를 인지하고, 초월적 영역을 여행하며, 중요한 지식과 지혜를 얻기 위해 자유롭게 떠돌아다닌다는 기본적인 믿음을 공유하고 있다. 이러한 관점에서 죽음이란, 우리의 일부가 영구적으로 해방되는 마지막 순간이고, 더 이상 깨어날 수 없는 깊은 수면이며, 결코 끝나지 않는 꿈이라고 볼 수 있다.

이것이 바로 많은 문화권에서 죽어 가는 사람의 마지막 해방을 위해 노력을 아끼지 않고 기술을 발전시켜 온 이유이다. 죽음에 임박한 고대 이집트인은 일련의 주술, 기도문, 마술적 주문을 수행했다. (오늘날 이것을 '이집트 사자의 서(The Egyptian Book of the Dead)'라고 부른다.) 그 주문은 죽어 가는 사람이 사후 세계 여행길에서 만날 수 있는 방해물에 대한 경고, 악령을 퇴치하기 위한 기술, 신이 약속한 도움 등 실제적인 안내를 제공하기 위해 의도된 것이다. 이와 유사한 것은 티베트 불교인의 원전 '바르도 퇴돌(Bardo Thödol)'이며, 일반적으로 '티베트 사자의 서(The Tibetan Book of the Dead)'라고 번역한다. 비록 이러한 과정에 대한 티베트 불교의 믿음은 이집트인과 많은 차이를 보이지만, 이 역시 삶에서 그다음 단계로 향하는 여정을 안내하기 위해 사용되었다.

이집트인은 갈대밭(Field of Reeds)에서 신과의 행복한 사후 세계를 추구한 반면, 티베트 불교인은 죽음이 새로운 (살아 있는 그리고 고통받는) 생명체로 태어나거나 그렇지 않으면 해탈과 열반으로 완성하는 꿈과 비전의 환상적 영역으로 이끌어준다고 믿는다. 영적 해방을 성취하고 또 다른 육체적 존재로서의 고통스러운 순환에서 벗어나는 것을 돕기 위해, 전통적으로 죽어 가는 사람들에게 '바르도 퇴돌'을 큰소리로 읽어 주었다. 그렇게 함으로써 그들이 곧 경험하게 될 낯설고 새로운 이탈된 육체의 실제를 분명히 인식하면서, 물질 세계에 남고자 하는 두려운 욕망에 더 잘 저항하도록 돕는다.

다른 세계관, 하지만 죽어 가는 사람을 돌보기 위한 유사한 접근인 고대 이집트인, 티베트 불교인들, 그리고 다른 많은 문화 전통은 죽음 너머에 놓여 있는 그 무언가를 준비하기 위해 효과적인 전문 기술들을 발전시켜 왔으며, 일생에 걸쳐 꾸는 꿈에 대한 세밀한 관심은 언제나 그러한 과정을 준비하기 위한 필수적인 요소였다.

기원전 8세기에 그리스 시인 헤시오도스(Hesiod)가 죽음, 잠, 그리고

'모든 종류의 꿈들'은 밤의 여신(the goddess of Night)에게 태어난 형제라는 기록을 남겼을 때, 그는 꿈꾸는 것을 이생에서 경험하는 죽음과 가장 유사한 것이라고 표현하였다. [15)]

근사체험 ●

이제 이 책의 주제인 죽음예지 꿈과 근사체험(NDEs)과의 관계를 논하기 좋은 시점인 것 같다. 레이먼드 무디(Raymond Moody), 케니스 링(Kenneth Ring), 미카엘 사봄(Michael Sabom)을 비롯한 저자들은 호흡, 심장박동, 생명 신호가 일시적으로 멈추어 '죽었던' 사람들이 다시 살아난 경험의 특성과 주제를 조명했다.

다양한 연구에 의하면, 임사체험은 공통적으로 긴장 완화, 평온함, 자기 몸과의 분리를 비롯하여 터널 광경, 밝은 빛, 신비로운 모습의 안내자 등을 포함한다. 강렬한 근사체험의 결과는 때로 급진적인 방식으로 사람들의 삶을 변화시키는데, 주로 인간의 숙명인 죽음에 대한 두려움이 감소되고, 지상에서 주어진 삶의 매 순간에 더 깊은 영적 감사를 하게 한다.

몇몇 연구가가 연구 결과를 발표했을 때, 이 주제를 둘러싼 논쟁은 죽음 이후의 삶에 대한 과학적 증거에 초점이 맞춰졌다. 그들의 주장은 임사체험 보고서의 타당성에 대한 문제 제기를 하는 회의론자에 의해

---

15) Hesiod 1973, vv. 211-212.

거부당했다. 임사체험은 증명할 수 없으며, 자칫 연구자의 (종종 무의식적) 기대에 맞추도록 수정, 변형, 변경 등의 방식을 취하기 쉽다는 이유였다. 그렇지만 임사체험을 경험한 사람은 운명의 경계를 넘어서는 광경을 보았으며, 그들의 보고서를 믿지 않고 거부하는 회의론자들에 대해 죽음을 존재의 새로운 형태로 받아들이기보다 시대에 뒤떨어진 물질주의적 사고에 집착하며 죽음을 두려워하는 것이라고 주장한다.

이 논쟁이 얼마나 흥미롭고 중요한 것인가와 관계없이, 이 책에서 우리의 관심은 다른 방식으로 전개될 것이다. 우리는 사후생에 대한 그 어떠한 것도 증명하려 하지 않으며, 또한 연구방법론에 관해 논쟁하지 않을 것이다. 불행하게도 근사체험 논쟁에 퍼져 있는 과장과 명칭 정의에도 관심이 없다.

우리의 목적은 상당히 제한적이며 보다 실용적이다. 죽어 가는 사람의 지금 여기 경험에 초점을 두고, 죽어 가는 사람과 그들의 돌봄자에게 삶의 마지막 단계에 종종 나타나는 꿈과 비전, 이와 관련된 현상에 대한 유용하고 실제적인 지식을 제공하고자 한다.

근사체험 관련 문헌은 죽음예지 꿈과 유사한 몇몇 흥미로운 사실을 제공한다. 이에 대한 몇 가지 내용은 다음 장에서 언급할 것이다. 하지만 우리의 관점은 근사체험과 죽음예지 꿈 사이에서 나타나는 차이점이 모두 중요하다는 것이다.

근사체험은 그 정의가 말해 주는 것처럼 죽어 가는 사람에게 일어나는 것이 아닌 죽음 유사 체험이다. 반면 이 책에서 논의하고 있는 꿈은 죽어 가는 사람에게 나타난다. 그러기에 그 경험의 결과는 다르다. 또한 근사체험은 드물게 일어나며, 내러티브가 없거나 조금 있다고 해도 짧은 순간 일어난다. 반면 죽음예지 꿈은 죽어 가는 사람들 사이에서 일정하게 정기적으로 나타나고, 종종 풍부한 내러티브로 가득 차 있으며, 몇 날 밤에 걸쳐 되풀이되기도 한다.

근사체험과 죽음예지 꿈의 관계에 대한 우리의 관점은 캐롤 잘레스키(Carol Zaleski)와 그의 저서 『다른 세계로의 여행: 중세와 현대 근사체험 해석』에서 많은 영향을 받았다.[16] 잘레스키는 근사체험의 역사적 근원을 탐색하면서 무디, 링, 그리고 현대 연구가가 묘사하는 것이 중세 기독교의 사후 세계 개념 및 죽음 이후 일어나는 일에 대한 묘사와 놀랄 만큼 유사하다는 사실을 발견한다. 잘레스키는 이러한 경험의 실재에 대해 어떠한 판단 없이 현대 근사체험 연구가 서양 문명의 수 세기에 걸쳐 이어온 환상적 전통을 수행하고 있음을 밝힌다.

우리는 잘레스키의 역사적 자기인식의 강조, 근사체험의 다각적(신체적, 심리적, 문화적, 신화적) 의미에 대한 주의 깊은 관심, 그러한 체험이 야기하는 종교적 역동에 대한 개방적 태도에 깊이 감사한다. 근사체험과 죽음예지 꿈이 다소 중첩되는 부분이 있으므로, 우리는 '죽어 가는 사람의 돌봄'을 보다 실제적인 논의 속에서 잘레스키의 연구를 적용하려고 한다.

---

16) 역자 주: 캐롤 잘레스키는 하버드대학교에서 종교학으로 박사 학위를 받았으며, 그곳에서 강의를 하다가, 현재는 스미스컬리지(Smith College)의 세계종교학 교수로 재직 중이다.

종교와 영성

우리가 피하고 싶은 또 다른 뜨거운 논쟁은 종교와 영성 사이의 정확한 구분이다. 우리는 죽어 가는 사람과 돌보는 사람이 처한 다양한 상황에 필요한 자원을 제공하는 것을 목표로 하기에, 특정한 신앙, 신조 혹은 철학을 가정하지 않고 신중하게 말하려고 한다. 그리고 전문적인 연구와 경험 고찰을 통해 종교 혹은 영성이라고밖에 묘사할 수 없는 죽음 예지 꿈들이 상당히 높은 비율로 일어난다는 것을 발견했다.

비록 아직 학자들 간에 적절한 용어에 대한 일치된 정의가 이루어지지 않았지만, 우리는 '종교'와 '영성'이라는 용어를 계속 사용하게 될 것이다. 광범위한 차원에서 두 단어를 유사한 의미로 보면서, 인간의 통제를 넘어서는 힘의 경험과 인식, 형태가 없는 영향력으로서 인간의 삶 가운데 분별하고 깨달을 수 있는 실존으로 언급될 것이다. 종교는 비교적 그러한 힘의 사회적 인식에 보다 무게를 두며, 영성은 보다 개인적인 차원과 관련이 있다.

이것은 우리가 임시로 내린 정의이지만 우리가 목표하는 바에는 충분히 부합할 것으로 본다. 중요한 것은 죽어 가는 환자들의 꿈을 이해하기 원한다면, 그들 안에 일어나는 심오하고 신비스러운 감정, 이미지, 에너지에 관해 이야기할 수 있는 방법을 찾아야 한다는 것이다. 세계 종교 전통은 바로 이러한 것을 이야기할 수 있는 언어를 발전시켜 왔으며, 우리에게 도움을 주는 한 이러한 언어를 사용할 것이다.

이를 마음에 새기고, 두 개의 역사적인 방문 꿈 이야기를 함께 검토해 보자. 각기 동양과 서양에서 기원한 이야기로, 종교와 영성의 의미가 어떤 역할을 하는지 볼 수 있다.

중국 원나라 시대(1279-1368) 불교 경전에는 신자 왕치우리엔(Wang Chiu Lien)이 나온다. 그는 정토 전통(the Pure Land tradition) 안에서 깨달음을 추구하는 독실한 수행자였는데, 밤마다 꿈에 붓다가 나온다. 그런데 살아있는 모습이 아닌, 조각상의 단편적인 모습이었다.

마침내 그는 선승을 찾아가 자신의 꿈에 관해 말하였다. 선승은 "매우 다루기 쉬운 꿈이군. 자네는 돌아가신 아버지를 떠올릴 수 있는가? 평상시 아버지 행동을 기억하는가?"라고 물었다. 그가 그렇다고 대답하자, 선승이 "자네의 꿈에서 본 아버지의 모습은 살아있을 때와 별반 차이가 없는가?"라고 다시 물었다. "네. 아무런 차이가 없습니다."

그의 대답에 선승은 만족스러운 표정으로 말했다. "부처는 스스로 어떠한 모습도 없다네. 모습이란 오직 조각의 단편들이 하나로 일치될 때 명백해진다네. 지금부터 자네는 아버지를 아미타불(부처)로 생각해야 한다네. 그의 미간에 흰 광채가 있고, 그의 얼굴은 금빛 찬란하며, 연꽃 위에 편안하게 앉아 있다고 조금씩 상상해 보게. 심지어 몸이 점점 더 커진다고 상상해 보게. 그럴 때 자네 아버지는 살아있는 부처가 되는 것일세."

왕치우리엔은 선승이 안내해 준 방법을 시도했다. 아버지가 꿈에 나타날 때마다 그는 스스로에게 이렇게 말했다. "바로 부처다." 마침내 아버지는 그를 연꽃 위에 앉혀 놓고, 부처의 가르침 중 핵심을 설명하고 있는 꿈을 꾸었다.[17]

---

17) Ong 1985, pp. 93-94.

이 이야기는 일반적인 방문 꿈들에 나타나는 함축성과 임의성을 명백하게 하며 깊이 숙고하게 만든다. 꿈꾸는 자를 안내하는 죽은 자의 소중한 역할은 종교적인 능력과 영적인 진실들과의 관계로 더 밀접하게 다가서게 한다. 선승이 왕치우리엔에게 전해준 가르침의 핵심은, 인간의 평범한 삶을 넘어서는 힘과 더욱 풍성히 연결될 수 있는 방법으로 죽은 아버지를 연관시킴으로써 꿈에서 만난 아버지를 더 선명히 떠올리기 위한 의도적인 노력을 하도록 격려한 것이다. 이것은 종교 전통의 시도가 인간의 힘을 넘어서는 더 큰 존재와의 창의적 연결을 어떻게 고양하는지 보여주는 사례이다.

방문 꿈은 언제나 종교가 크게 관심 두는 현상들 가운데 하나이다. 불교만이 꿈의 영적 개연성을 탐색하기 위한 방법을 가르치는 유일한 전통이 아니다. 아메리카 인디언의 환상 추구, 시베리아 샤먼의 주술적 여정, 아프리카 치유자의 무아적 몽환, 그리스 신화의 아스클레피오스 치유 신전 등 꿈에 대한 잠재된 실천은 세계 도처의 종교에서 발견된다.

또한 이 모든 종교는 꿈꾸는 자와 초월적 능력을 지닌 영적 존재들 사이에 긴밀한 상호작용을 일깨워주려는 동일한 목적을 가지고 있다. 앞서 인간의 자각 속 부처의 모습에 대한 선승의 견해는 결코 단순하지만은 않다. "조각의 단편들이 하나로 일치될 때만 명백해진다"라는 말은 초월적 힘에 대한 사람들의 다양한 개념화를 강조한다. 당신의 꿈속 신적 존재는 다른 사람들의 꿈과 동일할 필요가 없다. 그럼에도 당신의 꿈은 당신과 당신의 현재 삶의 상황에 진실하며, 관계가 있고, 적합하다고 확신할 수 있다.

두 번째 이야기는 초대 기독교 상황에서 비롯한 것으로, 꿈의 개인적 특이성과 꿈에 대한 세밀한 관찰에서 얻을 수 있는 죽음의 계시적 통찰을 비추고 있다. 성 어거스틴(St. Augustine of Hippo, 서기 430년)은 기독교 전통에서 가장 영향력 있는 신학자 중 한 사람이다. 한 번은 꿈과 사후 영혼의 존재에 관해 의견을 묻는 친구의 편지를 받았다. 어거스틴은 제나디우스(Gennadius)라고 알려진 한 남자의 꿈 경험을 묘사하면서 답장을 보냈다.

제나디우스는 낯선 젊은 남자가 천사들의 찬양으로 가득한 아름다운 도시를 보여주는 꿈을 꾸었을 때, 사후 세계에 대한 궁금증에 사로잡혔다. 다음날 밤, 제나디우스는 두 번째 꿈을 꾸었다. 그 젊은 남자가 다시 나타났다. 그는 그 도시를 본 것이 꿈인지 아니면 깨어 있을 때였는지 제나디우스에게 물었다. 제나디우스는 "꿈이었다"고 대답했다. "매우 잘 기억하고 있네요. 당신이 봤던 것이 꿈이라는 것은 사실입니다. 하지만 지금 보는 것도 꿈이라는 것을 알았으면 합니다." 이 말을 들으면서 제나디우스는 납득했으며, 그 사실을 믿는다고 대답했다.

그때 젊은 남자는 다시 물었다. "당신의 몸은 현재 어디에 있나요?" 제나디우스는 대답했다. "침대에 있습니다." 젊은이는 물었다. "몸에 있는 두 눈은 지금 감겨 있고 덮여 있습니다. 휴식을 취하는 상태입니다. 그 두 눈으로 아무것도 볼 수 없다는 사실을 알고 있습니까?" 제나디우스가 "알고 있습니다"라고 대답했다. "그렇다면 당신이 나를 보는 눈은 무엇입니까?" 무슨 말을 해야 할지 알지 못한 채, 제나디우스는 침묵에 빠졌다.

이 불확실과 역설의 순간, 그 젊은이는 마침내 경험의 깊은 진실에 대해 제나디우스에게 드러내 주었다. "당신이 잠에 빠져 있고 침대에 누워 있을 때, 몸의 눈은 작동하지 않으며 아무것도 하지 않습니다. 하지만 나를 볼 수 있는 눈을 가지고 있고, 이 광경을 맛보고 있습니다. 그러기에 당신의 죽음 이후, 육체적 눈은 완전히 활동을 멈추고 있다 할지라도, 당신 안에는 여전히 살아있는 삶과 인식할 수 있는 인지 능력이 있을 겁니다. 그러므로 죽음 이후에 인간의 삶이 지속될 것인지 아닌지에 대해서 품고 있는 의심에서 벗어나도록 하세요."

어거스틴은 이러한 이야기를 자세하게 들려주며 질문을 하면서 편지를 마친다. "이것을 제나디우스에게 가르쳐준 이가 자비와 섭리의 하나님이 아니고 누구겠는가?"[18] 확실히 어거스틴이 묘사하는 제나디우스의 경험을 통한 교훈은 불교 선승이 왕치우리엔에게 가르쳐준 교훈과는 차이가 있다. 이는 중요한 점이다.

꿈은 단 한 가지의 진실이나 실재 혹은 신적 능력만 말하지 않는다. 우리는 모든 종교와 신비로운 전통이 순수한 자각, 최고의 경험, 단일한 절대적 존재 혹은 획일적이거나 일방적인 관념 등 동일한 사실의 깨달음으로 이끈다는 주장에 동의하지 않는다. 적어도 꿈에 나타난 경험은 개개인 삶의 역사와 문화적 상황에 깊이 뿌리내리고 있기에, 그러한 개인의 경험으로부터 "공통적 핵심"을 추출하려는 시도는 의미가 없다.

왕치우리엔과 제나디우스는 모두 심오하고 영향력 있는 영적 꿈을 꾸었다. 하지만 영적 능력이 같아야 할 필요는 없다. 그들의 꿈은 각기 다른 종교 전통의 풍부한 상징적 언어 안에서 그 순간 그들이 어디에 있었는지 말해준다. 또한 그들은 현생과 사후에 있어 (비록 다르지만) 영혼

---

18) Augustine 1870, pp. 272-276.

의 본질에 관한 가치 있는 통찰을 얻었다.

제나디우스의 꿈에서 주목할 만한 한 가지는 종종 자각몽(Lucid Dream)이라 불리는 꿈속에서의 자기지각 능력이다. 어거스틴의 설명은 서양 전통에서 자각몽에 대한 초기 언급이다. 고대 인도의 '우파니샤드' (6세기)에는 꿈에서의 자각이 언급되며, 실존의 전망을 새롭게 하기 위한 길을 열어주는 상태라고 확신하였다.

티베트 불교인은 바르도 퇴돌에 따라, 사후에 일어날 일을 준비하는 방법으로서 꿈에서의 자기인지를 배양시키기 위한 명상 훈련을 발전시켰다. 현대 미국 사회에서 자각몽에 대한 보고는 극히 적은 수에 불과하다. 또한 심리학자들은 뇌와 마음의 기능적 측면에서 자각몽의 의미에 대해 다른 의견을 취하고 있다.

다시 말하지만, 세계 곳곳에서 일어나고 있는 꿈 현상에는 단 한 가지의 옳은 길은 없다. 어떤 사람은 정기적으로 자각몽을 경험하고 이를 영적 발견의 유용한 자원으로 깨닫는다. 또 어떤 사람은 그렇게 강한 영향력을 줄 만한 자각몽을 한 번도 꾼 적이 없어도, 여전히 자신과 세계에 대한 이해를 뒤집을 만큼 엄청나게 영향력 있는 꿈을 꾸기도 한다.

영혼의 진정한 본질에 대한 심오한 성찰이 용인된 채 완전한 자기지각 상태에 이른 제나디우스의 자각몽은 꿈의 기묘한 잠재력 가운데 하나이며, 일반적 꿈에서 현저히 벗어나 깊은 영적 감각으로 이끄는 극히 드문 꿈이다. 우리가 이 책에서 논의하고 있는 죽음예지 꿈은 때로 생소한 전환, 확장, 그리고 자기지각의 강화를 포함한다. 그러기에 꿈꾸는 자의 죽음 과정에서 겪을 수 있는 새로운 전개의 지표로서 이러한 것들에 특별한 주의를 기울이기 바란다.

어거스틴이 기술한 제나디우스 꿈에 관한 마지막 교훈은 이렇다. 여기서 다루는 (어떤 사람은 초대 교회에 있어 가장 영향력 있고 권위 있는 학자라 부르는) 중요한 기독교 신학자는 적어도 어떤 꿈은 하나님으로부터 온다는 사실을 명백히 말하고 있다. 이는 우리가 기억해야 할 중요한 말이다. 오늘날 기독교인은 꿈을 악마가 보낸 잠재적 죄의 유혹으로 인식하며 회피하도록 가르침을 받고 있다. 성경의 몇몇 구절이 꿈의 덧없음과 사람을 속이는 잠재성이 있음을 강조하고 있는 것은 사실이다.

하지만 더 많은 구절에서 하나님의 안내, 확신, 경고 등 꿈의 긍정적 영향에 대해 강조한다.[19] 사실 성경은 단 한 번도 악마 혹은 마귀를 꿈에서 사람들을 유혹하는 존재로 언급하지 않는다. 이러한 믿음은 후대 기독교 전통에 추가된 것이며, 자연스럽게 몇몇 기독교 공동체 (특히 기독교 보수주의 혹은 근본주의자라고 스스로 일컫는 사람들) 사이에서 꿈에 대한 적대감으로 이어진 것이다.

우리는 정중히 그러한 신학적 견해에 동의하지 않는다. 성경을 주의 깊게 읽는다면, 신실한 기독교인은 꿈을 무시해야 한다거나 꿈 해석이 죄악이라는 믿음이 전혀 성경적이지 않다는 사실을 알게 된다. 만일 성경에 나타난 일반적인 꿈에 대한 메시지가 있다면, 바로 이러한 것이다. 꿈은 하나님의 영이 삶 속으로 들어오는 통로 가운데 하나이다. 비록 꿈이 낯설고 놀라게 할지라도 신앙이 있는 사람, 분별력을 가진 사람, 그리고 경험 있는 해석자의 도움을 받는다면 종국에는 꿈의 의미를 분명

---

19) 전도서 5:3, 시편 73:19-20, 이사야 29:7-8, 신명기 13, 예레미야 29:8-9, 스가랴 10:2, 창세기 28, 32, 38-42, 요엘 2:28.

하게 이해할 수 있다.

성 어거스틴은 주후 400년에 이 사실을 이해하고 있었으며, 오늘날 많은 기독교인도 마찬가지다. 모튼 켈시(Morton Kelsey), 존 샌포드(John Sanford), 루이스 새버리와 패트리샤 번(Louis Savary and Patricia Berne), 윌리스와 진 클리프트(Wallace and Jean Clift), 제임스 홀(James Hall), 제레미 테일러(Jeremy Taylor)의 저서를 비롯하여 수많은 사람이 현대 기독교 전통 안에서 꿈 해석과 꿈의 지속적인 생명력을 증명하고 있다.[20]

꿈꾸는 자의 삶 ●

수면, 꿈, 죽음, 이 세 가지의 밀접한 관계는 신화적이며 신비롭다. 세계 종교 전통에 의하면, 이러한 관문을 통하여 해방된 영혼이 새로운 발견과 계시의 경이로운 여정을 시작하는 신적 신비의 이상적 세계로 나아간다.

보다 개인적 차원에서 보면, 수면-꿈-죽음의 연계는 죽음이라는 피할 수 없는 운명을 둘러싼 감정, 신념, 희망, 욕구에 관한 통찰력을 열어 줄 소중한 자원을 개개인에게 제공한다. 이것이 우리가 가장 중요하게 생각하는 실제적인 조언 중 하나이다.

꿈꾸는 자로서 당신의 삶을 회상해 보라. 가장 기억에 남는 꿈, 행복

---

20) Kelsey 1991; Sanford 1982; Savary, Berne, and Williams 1984; Clift and Clift 1988; Hall 1993; Taylor 1983, 1992.

하게 만들었던 꿈, 두렵게 했던 꿈, 당황하게 만들었던 꿈, 신비로운 꿈 등을 떠올려 보라. 이러한 꿈을 당신 삶의 전체 여정을 이어주는 관점에서 숙고해 보라. 말기 환자는 삶의 시작과 과정, 그리고 마지막까지 전체 삶의 웅대한 이야기를 되돌아볼 수 있는 소중한 기회가 있다.

꿈은 항상 삶의 경험을 반영하고, 그것을 의미 있는 실재로 엮어 가는 일종의 자서전 같은 역할을 했고, 삶의 마지막에 이르러 새로운 관점에서 그 과정을 볼 수 있는 운명적 시간에 서게 된다.

우리가 이번 장에서 논의한 죽음 관련 꿈들, 방문 꿈, 자각몽, "기괴한" 꿈 등 다양한 꿈을 개인적 통찰과 자기 이해를 열어 줄 잠재적 자원으로 특별히 주목할 것을 제안한다. 꿈을 해석하는 것이 단순히 그 꿈을 받아들이는 것보다 더 중요한 일은 아니다.

지식의 분석은 그 나름대로 자리가 있으며, 다음 장에서 우리는 꿈을 성찰하고 그 꿈들이 지닌 의미의 차원들을 식별할 수 있는 몇 가지 방법을 알려 줄 것이다. 그중 어느 것이든 분명한 인식 속에서 당신 꿈을 기꺼이 받아들일 때 펼쳐지는 더 깊은 과정을 대신할 수는 없다. 하지만 바로 꿈의 변혁적인 효력이 시작되는 지점이기도 하다.

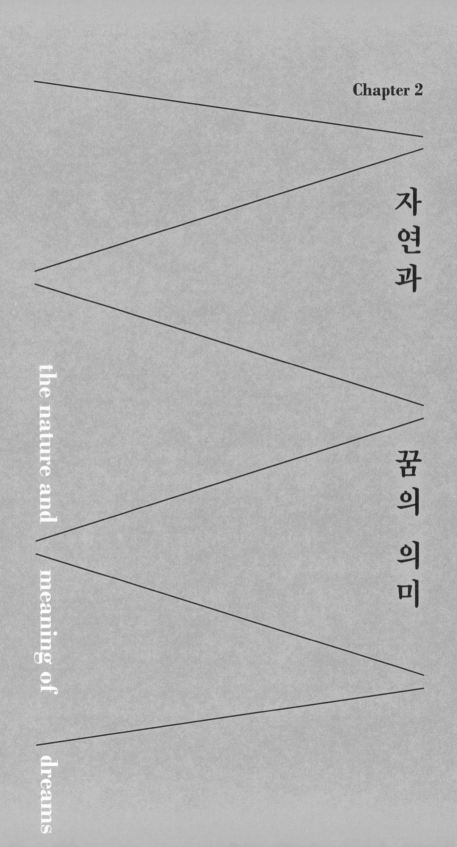

Chapter 2

자연과

꿈의 의미

the nature and

meaning of

dreams

기본 원리

the nature and meaning of dreams

이번 장은 꿈의 의미를 분별하도록 도울 몇 가지 기본 원칙에 관해 이야기할 것이다. 꿈에서 꿈 자체가 표현하기 위해 사용하는 낯선 언어, 의미의 은유적인 특성, 미래를 예견하는 기능, 그리고 특정한 꿈을 해석하기 위해 우리가 사용하는 방법에 관해 논할 것이다. 만일 꿈 해석 기술에 익숙하다고 느끼거나 혹은 죽음예지 꿈 경험의 실제 기록을 먼저 읽고 싶다면 이 장을 건너뛰고 다음 장으로 가도 괜찮다.

"만일 꿈이 삶에 소중한 가치가 있고 유용한 것이라면, 왜 이해하기는 힘든 것일까? 왜 꿈속에 담긴 의미를 분명하고 이해하기 쉬운 언어로 말하지 않는 것일까?" 이것이 우리가 꿈에 관해 이야기할 때마다 자주 받는 질문이다.

낯선 언어로서의 꿈

어떤 질문은 꿈이란 전혀 의미가 없다는 도전적이고 회의적인 문제를 제기하기도 한다. 또 어떤 질문은 꿈의 세계 속에 나타난 이해할 수 없는 이미지와 납득되지 않는 기이한 것을 알고 싶은 진심 어린 욕구를 드러내기도 한다.

이 두 경우는 사실 한 가지 문제에서 비롯된다. 우선 죽음예지 꿈의 잠재적인 의미를 탐색하기에 앞서 이에 관한 설명이 필요할 것 같다. 꿈을 어떻게 명확히 이해할 수 있는가? 당신이 이미 누군가 해석해 놓은 꿈 해몽 책들을 읽으면서 스스로 바보스러운 짓을 하고 있지 않다고 어떻게 확신할 수 있는가?

꿈 해석에 대한 우리의 접근은 마치 낯선 해외를 방문하는 것과 같다. 만일 당신이 먼 나라로 여행한다면, 그곳에서 자기 언어로 대화하는 사람을 발견하게 될 것이다. 처음에 그들의 말을 이해하지 못하고, 아마 당황과 혼란을 경험할 것이다. 그렇다고 당신이 편하려고 그들이 당신의 언어를 배울 때까지 기다릴 수는 없다.

만일 당신이 진실로 그들의 언어를 배우기 원한다면, 그들의 언어와 고유의 대화 방식을 이해하기 위해 노력을 쏟아야 할 것이다. 이는 많은 시간과 인내, 그리고 지속적으로 떠오를 불확실한 마음에도 불구하고 앞으로 나아갈 용기가 필요하다. 그러한 노력은 열매를 맺게 될 것이다.

당신은 서서히 그들의 언어로 말할 수 있을 만큼 충분한 경험을 쌓을 것이고, 그들의 대화에 동참할 능력을 얻을 것이다. 처음에 뭔지 알아들을 수 없었던 말이 이제는 의미 있고 창의적인 대화로서 가치를 인정받게 된다.

꿈도 이와 같다. 종종 기괴하고, 우스꽝스럽고, 이해할 수 없어 보이는 꿈일지라도 참을성 있게 성찰하다 보면, 진정한 의미와 지적 분별력을 얻게 된다. 상상해 보라. 당신에게 프로이트와 융이라는 두 사람의 여행 동반자가 있다. 이들은 사람과 언어를 배우는 데 있어 각각 자신만의 태도가 있다.

의심 많은 프로이트는 이렇게 말할 것이다. "이런 외국인들은 나를 속이기 위해 기만적인 외형을 갖춘 이상한 언어를 사용하면서 자신의 생각을 숨기려고 노력할 거야. 하지만 나는 알지. 어떻게 그 겉모습을 파헤치고, 은밀히 억제된 의미를 드러내고, 독일어로 적절하게 번역하는지 말이야."

프로이트보다 신비스러운 성향이 있는 융은 이렇게 응답한다. "아니야. 사람들은 지역에 따라 다양하게 타고난 영혼의 언어를 사용하지. 이는 궁극적으로 모든 시간과 공간에 존재하는 사람에게 동일하게 적용되는 거야. 만일 우리가 그 언어를 자신에게 가르칠 수 있다면, 모든 종교와 신화에 대한 보편적인 해답을 얻게 될 것이야."

이 두 가지 접근은 그 자체만으로는 꿈을 해석하는 완전히 신뢰할 만한 가이드라인이 아니다. 우리는 때로 꿈에 반복적으로 등장하는 고통스러운 자기 폭로와 마음을 산란하게 하는 간파를 향한 감정적 저항으로 꿈 해석이 흐려진다는 프로이트의 관심을 수용한다. 하지만 꿈이 자기방어적이고, 의식적 관심을 교묘하게 회피하려는 퇴화된 과정이라는 그의 주장에는 동의하지 않는다. 한편 꿈이 의도적으로 기만적이어서가 아니라, 일상의 의식과 다른 정신 상태에 의해 만들어지기 때문에 이해하기 어렵다는 융의 의견에 동의한다. 융은 프로이트보다 꿈이 지닌 변혁적인 힘의 가치를 더 많이 인정한다.

이 책에서 우리의 접근은 영혼 성장의 원천으로서 꿈을 이야기한 융의 가르침에 깊은 영향을 받았다. 하지만 모든 점에서 그를 따르는 것은 아니다. 특히 원형적 상징의 절대적 보편성을 주장하는 융의 경향에는 비판적이다. 문화적으로 서로 다른 꿈의 양식이 확실히 존재한다.

융은 이것들을 이해하도록 좋은 가이드라인을 제시한다. 하지만 이러한 유형을 정신의 영구적 부착물이라고 보는 그의 주장은 불필요하고 지나친 감이 있다. 가장 문제가 되는 것은, 하나의 보편적 관점으로 꿈을 해석한다는 것은 꿈의 독특함, 개성, 색다름을 볼 수 있는 우리의 눈을 가릴 수 있다는 점이다.

이러한 관점에서 보면 융 학파가 꿈의 원형적 상징을 드러내려고 한 노력이나 프로이트 학파가 분명히 드러난 꿈의 외형에서 숨겨진 소망을 찾기 위해 한 분석은 같은 노력이라고 볼 수 있다. 이 두 가지 방법은 개별적 꿈이 지닌 독특하고 창의적인 힘에 대한 가치를 떨어뜨리는 환원적 방법이다.

앞서 언급한 것처럼, 우리는 문화적 양식과 개별적 삶의 상황과 균형을 이루는 꿈 해석 방법을 선호한다. 이 장에서 꿈 언어의 이해를 깊게 확장하기 위해 활용될 꿈 언어의 은유와 실제적 방법에 초점을 두면서, 더욱 구체적인 방법을 기술할 것이다. 또 꿈의 주요한 기능 가운데 죽음예지 꿈과 관련 있는 한 가지 기능을 논의할 것이다. 이는 미래에 닥칠 힘든 일을 준비하게 하는 기능이다.

삶과 죽음의 메타포

때로 은유(Metaphor)는 단순히 문학적 양식으로 여겨지거나 언어를 꾸며주고 수사학적 설득을 강화하는 시적 표현으로 인식되곤 한다. 하지만 조지 랙오프의 최근 연구와 여러 언어학자들은 은유적 사고(meta-phorical thinking)가 사실 이 세상에서 일어나는 모든 경험의 개념적 바탕이라는 것을 보여준다.

메타포는 단순히 예술이나 시에서만 사용되는 것이 아니라 우리의 평범한 일상 속 (깨어 있거나 꿈속이거나) 인간의 생각, 언어, 이성에 널리 퍼져 있다. 은유의 핵심은 "어떤 것을 다른 말로 이해하는 것이다."[21] 모르는 것을 이해하기 위해 아는 것을 사용한다. 이는 자연스러운 것이다. 인간의 뇌는 지식 확장과 창의성 발현의 수단으로 아이디어들을 서로 연합시키기 위해 방대한 능력을 끌어낸다. 은유적 사고는 인간이 새로운 환경을 마주할 때 창의적으로 문제를 해결할 유연성을 주면서, 여러 차원에서 인간 종족의 특성을 명확히 보여준다.

메타포는 구체적이고 분명한 다른 지식을 사용하여 낯설고 파악하기 어려운 경험을 이해하려는 많은 경우에 가장 분명하게 작동한다. 예

---

21) Lakoff and Johnson 1980, p. 5.

를 들어, 사랑은 말로 다 표현하기 힘든 경험이기에 우리는 손에 잡히는 의미로 사랑을 전달하기 위해 빈번히 은유의 도움을 빌린다. 우리는 '전기'가 흐른다고 하거나, '스파크'가 일어난 느낌이라고 하거나, 누군가에게 '이끌린다'고 하거나, 사랑에 '빠졌다' 혹은 '뜨거워진다'고 하는 등 수많은 표현을 사용한다.

이렇게 사랑이라는 손에 잡히지 않는 경험을 이해하기 위해 보다 쉬운 은유적 표현을 활용한다. 나아가 랙오프(George Lakoff)와 터너(Mark Turner)는 죽음 이해에 관한 은유의 영역에 대해 논의한다. 이들은 『훌륭한 이유 이상의 서문: 시적 은유에 관한 현장 안내서(Preface to More than Cool Reason: A Field Guide to Poetic Metaphor)』에서 삶과 죽음에 대한 생각에 사용되는 다중적 은유를 기술하고 있다.

이러한 실존적 주제는 신비롭고 많은 것을 포함하고 있기에, 사람들은 이를 이해하기 위해 여러 색다른 은유를 사용한다. 특히 일반적으로 널리 사용되는 메타포는 '삶은 여행'이라는 것이다. 여행은 비교적 명백하고 쉽게 이해되는 경험이며, 삶의 질을 조명하는 은유적 상응의 풍성한 자원을 제공한다. 이러한 상응은 다음을 포함한다.

- 삶을 이끄는 사람은 여행자다.
- 삶의 목적은 여행의 목적지다.
- 목적을 이루기 위한 방법은 여행 경로다.
- 삶의 어려움은 여행의 장애물이다. (예: 길의 폐쇄)
- 상담사는 여행 가이드다.
- 진전은 여행한 만큼의 거리다.
- 진전을 측정하는 것은 여행 지표다.

• 삶의 선택은 여행의 기로다.

• 물적 자원과 재능은 여행의 양식이다.

　삶의 본질적 양상 위에 여행의 양상을 도식화하는 것은 죽음에 대한 이해를 돕기 위해 확장될 수 있다. 죽음을 삶의 마지막 여행으로, 떠남으로, 최종 목적지를 향한 여행으로 이해할 수 있다. 또한 은유적으로 삶은 위를 향하는 것으로, 빛으로, 깨어 있는 것으로, 낮으로 표현하는 것처럼, 죽음은 아래를 향하는 것으로, 어둠으로, 잠자는 것으로, 밤으로 묘사되곤 한다.

　어떠한 은유도 절대적으로 고정된 의미를 지닌 것은 없다. 인간의 타고난 재능인 상상력은 이미 존재하는 아이디어를 기발하게 확장하는 능력이 있다. 꿈에서도 이 같은 일이 종종 일어난다. 이는 정신의 무의식 영역이 현실 영역의 은유를 이미지, 공간, 분위기의 몽상적 세계로 변환시킬 때 꿈에서 나타나는 현상이다.

　랙오프는 이를 간결하게 진술한다. "꿈은 임의적인 신경계 발화로 인한 의미 없는 산물이 아니라, 자신이 느끼는 두려움과 욕망이 표현되는 자연스러운 통로다."[22] 죽음 이전에 찾아오는 꿈을 세밀히 관찰할 때, 정신의 은유 생성 체계가 현실에서 경험할 수 없는 꿈을 만들기 위해 더 강도 높게 일한다는 사실을 발견했다. 이것이 죽음예지 꿈을 이해하기 어려운 이유이며, 동시에 죽음예지 꿈이 심오한 계시적 통찰의 가능성을 보여주는 이유이다.

---

22) Lakoff 2001, p. 274.

은유적 사고를 이해하기 위해서는 『꿈 상징 사전』의 적절한 사용이 필수적이다. 꿈을 연구하는 대부분의 연구가는 일정한 규칙에 따라 미숙한 해석을 제공하는 이런 공식화된 책을 거들떠보지도 않는다. 반면 대부분의 사람들은 특정한 꿈 이미지가 갖는 의미를 연상하여 같은 의미로 해석하려는 경향이 있다. 우리는 모두 정밀한 분석이나 해석이 필요 없는 문화적으로 공유된 은유의 저장 창고를 활용하기 때문이다.

이것이 꿈 사전에서 소포의 이미지가 "감정/자원을 감추거나 숨김"을 의미할 수 있는 이유이다.[23] 이러한 연결은 개인의 몸을 어떤 실체와 물질로 비유하여 감정을 표현하는 일반적인 은유에 친숙하기 때문에 직관적인 타당성을 지닌다. (예를 들어, "나는 기쁨으로 가득 차 있다" 혹은 "그는 부글부글 끓어오른다.") 이와 같이 우유에 관한 꿈, 예를 들면 "다른 사람에게 우유를 먹이는 것은 삶의 기초적 힘을 주는 것, 혹은 원초적인 차원에서 영양분을 공급하는 것을 상징할 수 있다."[24] 이것은 우리 모두 어머니의 모유를 최초의 영양분으로 이해하기에 가능하다.

이러한 은유적인 연결성의 실제적인 적용이 확실하지 않을 수도 있다. 꿈을 꾼 사람의 개인적이고 문화적인 삶의 상황을 고려할 때만 확신을 가질 수 있다. 밀물 꿈은 하와이에 사는 사람, 캔자스에 사는 사람, 신생아를 낳은 부모 혹은 선박 사고로 친구를 잃은 사람 등 상황에 따라 분명 다른 의미가 전해진다.

꿈 상징 사전을 은유적 가능성의 창고로서 또는 꿈 상징에 대한 새로

---

23) Thomson 1994.
24) Thomson 1994.

운 관점을 자극하는 수단으로서 조심스럽게 사용할 것을 권면한다. 궁극적으로, 오직 꿈꾸는 사람이 자신의 경험에 비추어 어떤 특정한 해석이 진실인지 아닌지 알 수 있다.

예지 기능

지금까지 꿈의 표현 방법, 우리의 상상 세계 안에서 꿈이 그 자신을 드러내는 은유적 언어에 관해 이야기했다. 이제 우리가 고려하는 질문은 꿈의 내용이다. 이 낯선 땅에 등장하는 사람들은 무엇을 말하는가? 그들이 밤의 대화를 통해 이루고자 하는 것은 무엇인가? 왜 그들의 이상한 행동에 주목해야 하는가?

이러한 질문은 꿈의 기능에 관한 연구로 우리를 이끈다. 이는 학문적으로 이견이 많은 지점이다. 여기서 학자들의 학문적 논쟁에 사로잡히는 것을 원치 않는다. 꿈은 숨겨진 소망-성취와 수면 유지의 두 기능을 가지고 있다는 프로이트의 주장은 현대 과학적 연구에 비추어 보면 무난히 받아들이기에 힘든 점이 있다. 물론 그의 주장을 그대로 수용하는 정신분석학자도 존재한다.

또 다른 이론에서는 꿈이 새로운 정보를 처리하는 과정을 돕고, 우리의 기억을 강화하고, 환경의 위험에 적절히 응답하고, 감정적 균형을 유지하고, 자아의 심리적 통합을 지속하도록 돕는다고 주장한다.[25] 이러

---

25) Pace-Schott et al. 2003; Moffitt, Kramer, and Hoffman 1993.

한 견해는 모두 이를 뒷받침할 증거를 가지고 있다.

하지만 그 어떤 주장도 연구가들 사이에서 의견 일치를 이루지는 못했다. 프로이트 이후 백 년이 지난 지금, 꿈이 그가 상상했던 것 이상으로 더 복잡하고 다각적이라는 사실을 깨닫고 있다. 꿈에 관해서 연구하면 할수록 우리는 꿈의 종류, 기능, 의미에 대한 엄청난 다양성을 발견한다.

죽음예지 꿈에 대한 우리의 관심은 꿈의 기능 가운데 한 가지 특별한 영역에 집중하게 만든다. 꿈은 때로 꿈꾸는 사람의 삶에서 잠재적 어려움, 위험, 기회에 대비하도록 미래를 예측한다. 이것이 유일하거나 가장 강력한 꿈의 기능이라고 말하는 것은 아니다. 다만 이러한 기능이 죽음예지 꿈의 강렬한 경험적 실재와 직접적으로 관련이 있다. 꿈의 주요한 기능은 앞을 내다보는 것이며, 삶의 여정 끝에 놓여 있는 것을 그려보며, 육체적으로, 감정적으로, 영적으로 이 세상으로부터 다음을 향한 신비로운 여정을 준비하는 것이라고 믿는다.

예지 기능은 꿈의 예언적 혹은 선인지적 능력에 대한 보편적인 신념과 연관이 있으면서, 또한 없기도 하다. 역사적으로 많은 사람들이 꿈에서 정확하게 미래의 사건을 미리 말해 준다고 보고하였다. 가장 많이 등장하는 것은 사고, 질병, 예기치 않은 죽음 등 자연적 재난이다. 때로 이러한 꿈은 그저 우연이라고 설명하기도 한다. 예를 들어, 적지 않은 사람들이 자동차 사고가 나는 꿈을 꾸고 난 후 현실에서 실제 자동차 사고를 경험했다.

이것은 예언적인 것이 아니라 평균의 법칙에 불과하다. 성인지 꿈에 대한 몇몇 보고는 꾸며진 것이거나 적어도 미래를 보는 마술적 능력을 갈망하는 사람들에 의해 무의식적으로 윤색되었을 수도 있다. 이 분야의 연구는 어렵기로 악명이 높다. 그러기에 예지적 꿈의 보고를 신중히 고려하기 위해 건강한 회의론의 유지가 불가피하다.

그럼에도 최근 나타나는 증거들은 꿈이 일상에서 겪는 가장 힘들고 어려운 상황에 대응하도록 도우며 미래를 내다보는 기능을 한다는 사실을 지지한다. 이를 일찌감치 인식한 학자가 융이며, 그는 꿈의 "예언적 기능"을 언급하였다. 융은 (여러 비판을 받긴 하지만) 교정 꿈에 의해 과도한 일상의 의식과 균형을 맞춰 가며 심리적 통합을 이루려는 목적으로 꿈이 "보상적" 기능을 한다는 주장으로 더 잘 알려져 있다.

예지적 기능은 이와 다르다. 꿈꾸는 사람의 미래에 가능한 측면을 상상하도록 도우며, 다양한 인식, 생각, 기억 및 감정을 불러 모으는 방법을 강조한다. 융은 그러한 꿈속에서 우리가 깨닫게 된다고 말한다.

미래의 의식적 성취에 대한 무의식의 예견, 이는 마치 준비 운동이나 밑그림 혹은 미리 계획된 초안과 같다. 예견의 상징적 내용은 때로 갈등 해결의 윤곽을 그리기도 한다. 예지적 꿈의 등장은 부인할 수 없는 사실이지만, 이를 예언적이라고 부르는 것은 잘못된 것이다. 실제로 의학적 진단이나 일기예보보다 덜 예언적이기 때문이다. 그러한 꿈은 상세한 부분까지 꼭 들어맞을 필요가 없는, 단순히 어떤 것의 실제 행동과 우연히 일치될 가능성의 예측적 조합일 뿐이다. 오직 후자의 경우만 "예언"이라고 말할 수 있다. 꿈의 예견 기능이 때로 우리가 의식적으로 예측할 수 있는 조합보다 훨씬 우수하다는 것은 놀라운 일이 아니다. 꿈은 희미한 강조로 인해 의식이 기록하지 않은 생각과 감정의 융합에서 발생하기 때문이다. 게다가 꿈은 더 이상 의식에 효과적인 영향을 미칠 수 없는 잠재의식 속 기억장치에 의존한다. 그러기에 예지와 관련하여 꿈은 종종 의식보다 훨씬 더 유리한 위치에 서 있다.[26]

어떤 연구가들은 예지 기능을 설명할 때 다른 용어를 사용하기도 한다. 정신분석가 토마스 프렌치(Thomas French)와 에리카 프롬(Erika Fromm)은 꿈이 삶 속에서 겪는 "중심적 갈등"의 표현이라고 했다. 그러한 갈등은 대부분 억눌려 있거나 해결하기 힘든 것들이다. 프렌치와 프롬은 임상 연구를 통해 꿈은 "적절히 파악할 수 없는 문제들을 이해하기 위한 모색"이며 장차 성취될지도 모를 가능한 해결책을 향한 노력이라고 주장한다.[27]

수면 실험 연구가 로잘린드 카트라이트(Rosalind Cartwright)의 저서 『꿈의 위기(Crisis Dreaming)』에서 출산, 질병, 죽음의 대면을 다양한 방식으로 예상하는 여러 꿈에 관해 설명한다. 이 모든 꿈은 무의식적 리허설 기능에 대한 증거를 제공한다. "꿈은 강한 감정을 유발하는 경험을 분석하고 과거에 이와 연관된 적합한 이미지들을 찾아낸다. 꿈은 우리의 현재 자아의 모습을 바꾸도록 하며 미래의 어려움에 미리 대처하게 한다."[28]

뇌신경학자 앨런 홉슨(J. Allan Hobson)은 렘수면과 꿈이 기본 운동 프로그램을 시연하는 기능을 한다고 주장한다. (특히 투쟁 혹은 도피 시스템과 적응 반응) "뇌의 운동 프로그램은 렘수면 안에서 보다 활동적이다. 이는

---

26) Jung 1974, p. 41.
27) French and Fromm 1964, p. 24.
28) Cartwright and Lamberg 1992, p. 269.

쓸모없이 방치되는 것을 방지하고, 깨어 있는 삶에서 불러온 미래의 행동을 연습하고, 의미의 풍성한 기반 안에 자신을 깊이 새기는 데 도움이 된다."[29] 기본 운동 프로그램을 훈련하는 기능은 비행과 같은 매우 긍정적인 꿈으로 확장된다. 홉슨의 말처럼, "황홀한 꿈은 우리 삶에 즐거움과 기쁨을 준비시키는 역할"을 한다.[30]

또한 핀란드 뇌신경학자인 앤디 레본소(Antti Revonsuo)는 최근 꿈이 상황의 잠재적인 위험을 인지하는 기능이 있으며, 깨어 있는 삶에서 실제 위험이 일어날 때 좀 더 잘 준비되어 대면하는 유익한 결과를 가져다준다고 주장했다. 레본소는 "위험 지각 기능"이라고 이름 붙인 꿈의 특성으로, 꿈의 선명한 현실감각, 끔찍한 위협의 빈번한 출현, 신체적 위험을 경험함으로 활성화가 강화되는 경향을 지적한다.[31]

이러한 내용을 종합하여 요약한다면 "우리는 꿈에서 미래를 알고 싶어 한다." 꿈에서 미래를 예감하고, 그려보기도 하며, 깊이 숙고하고, 놀기도 하고, 염려하고, 재연하기도 한다. 꿈은 강력한 감정적 의미를 지닌 미래의 관점, 특별히 걱정과 불안 그리고 손에 땀을 쥐게 하는 전망과 연결되어 있다. 잠자리에 들 때 상상력은 외부 인식의 제약에서 풀려나며, 잠재성 발현을 통해 자유로운 탐색을 할 수 있다. 삶에 대한 다양한 관점을 가질 수 있고, 대안적 가능성을 고려할 수 있고, 가설적 시나리오를 탐색할 수 있다. 이렇게도 해보고, 저렇게도 해보고, 여기저기 가보면서 자유롭게 느낌을 이해할 수 있다. 꿈의 세계는 무엇이든 시도

---

29) Hobson 1999, p. 117.
30) Hobson 1999, p. 152.
31) Revonsuo 2000.

하고, 연습하고, 재연할 수 있는 궁극적 테스트의 장이다.

예지 꿈의 예는 삶의 모든 주기에서 찾아볼 수 있다. 유년기, 쫓기는 꿈의 빈번한 출현은 현실 세계의 위협에 대한 경계를 자극하도록 돕는다. 현실처럼 느껴지는 무시무시한 야생동물이 공격하는 꿈은 감정적인 괴로움을 주지만, 아이에게 실제 일어날 수 있는 일에 대한 경각심을 심어준다. 이는 아이의 생존 기회를 높여준다는 점에서 유용하다.

아동기, 아이들의 예지 꿈은 학교 입학, 캠프, 이사 등과 관련이 있다. 삶의 주요한 변화를 직면할 때, 꿈의 상상력은 앞으로 무슨 일이 일어날지, 그리고 어떻게 잘 대처할지 준비하기 위한 일을 시작한다. 청소년기, 남녀 아이들은 실제적인 성적(sexual) 경험을 하기 이전에 통상적으로 성적인 꿈을 꾼다. 이는 "성 역할의 기폭제"로 이해될 수 있으며, 생식 기능을 준비하고 가동시켜 현실 세계에서 필요한 기회에 실제로 행동을 취할 수 있도록 해야 한다.

젊은 여성들은 주기적으로 임신하는 꿈을 꾼다. 때로는 새로운 성장에 대한 기쁜 환희를 경험하기도 하며, 때로는 빨리 부모가 된다는 사실에 두려운 마음이 들기도 한다. 여성이 임신하게 될 때, 그들의 꿈은 정기적으로 출산과 분만이 어떤 느낌인지, 아이가 태어나면 어떤 모습일지, 어떻게 행동하는지 상상하는 꿈을 꾸게 된다. (역자 주 : 한국에서 출산 꿈은 태몽이라고 하며, 이는 태어날 아이의 미래 성격이나 운명의 예언적 지표로 삼는다.)

아이가 태어난 이후, 마치 어린 시절 쫓기는 꿈을 꾸는 것처럼 엄마 아빠 모두 아이를 잃어버리거나, 아이가 다치거나, 병에 걸리는 끔찍한 꿈을 꾼다. 부모 역할의 불안이 반영된 이러한 꿈은 주변 환경에서 발생할 수 있는 위협에 대한 경계를 강화하는 긍정적인 효과가 있으며, 발달의 관점에서 새로운 세대의 성숙한 종족 재생과 양육을 위한 궁극적인 생물학적 목표를 촉진한다.

삶의 후반기, 특히 통제할 수 있는 영역을 넘어서는 낯설고 끔찍한 상황에 직면할 때, 꿈은 지속적으로 미래에 관한 궁금증을 보여준다. 이에 관한 유감스러운 예는 최근 "악몽 같은 테러리스트"의 출현과 함께 나타난 꿈이다. 2001년 9월 11일 뉴욕의 세계무역센터와 워싱턴의 펜타곤이 공격당한 이후, 미국 전역의 사람들이 테러리스트의 공격 한가운데 서 있는 꿈을 경험하고 있다. 자신이 탄 비행기가 납치되는 꿈, 자신의 마을에 미사일이나 폭탄이 터지는 꿈, 혼란스러운 전쟁에서 싸우고 있는 꿈 등이다.

이러한 꿈들이 구체적인 미래의 사건을 예견한다고 볼 수는 없다. 하지만 만일 꿈꾸는 사람이 테러리스트의 공격 가운데 있는 자신을 발견한다면, 이는 무슨 일이 일어날지 혹은 어떻게 대처할지에 대한 두려움의 감각이 이끌어 낸 꿈이다.

켈리는 9.11테러가 꿈에 미치는 영향에 관해 연구하면서, 스물한 살의 여대생에게 이런 이야기를 들었다. "비행기에 타고 있을 때, 비행기 납치범들이 있다는 것을 감지했어요. 만일을 대비해 그들을 제압할 수 있도록 제가 통로 쪽에 앉아 있음을 재차 확인했어요." 그 상황에 대한 염려는 뒤로하고, 이 여성의 꿈은 예지적 기능의 좋은 예이다. 실제 현실에서 위협이 발생한다면 어떻게 대처하는 것이 가장 효과적인지에 대한 그녀의 상상적 재연으로서 감지된 위협에 대한 응답이다.

이런 관점에서 볼 때, 죽음예지 꿈은 예견 기능의 자체 목적을 달성하기 위한 마지막 기회로 여겨질 수 있다. 꿈의 상상력은 자연스럽게 이

위대한 변화를 상상하기 위해 그려지며, 삶의 끝이 다가옴에 따라 사람들의 꿈은 자신들을 기다리고 있는 신비한 미래에 점점 더 초점을 맞추게 된다. 다른 예견 꿈과 마찬가지로, 죽음에 앞서 오는 꿈은 무서울 수도 있고 즐거울 수도 있다. 하지만 대부분 죽음예지 꿈은 자신과 세계에 대한 인식을 넓혀주고, 향상시키고, 풍요롭게 하는 효과가 있다.

새로운 꿈: 그것에서 배우는 것

첫 장에서 우리는 당신의 삶에서 가장 기억에 남는 꿈을 떠올리며 다시 의식의 지각 안으로 불러오도록 요청했다. 이제 새로운 꿈, 당신의 삶에 새롭게 혹은 다시 관심을 두기 시작한 꿈에 경청할 것을 제안한다. 꿈 기억은 책을 읽거나, 수업을 듣거나, 텔레비전에서 꿈에 관한 무언가를 보는 것의 영향으로 주기적으로 증가한다. 꿈은 주의를 기울이는 것에 따라 놀랍게 반응하며, 꿈에 대해 단지 조금만 더 생각하는 것만으로도 훨씬 더 많은 기억을 떠올릴 수 있다.

꿈을 기록하거나, 기록해줄 다른 누군가에게 꿈을 자세히 설명할 것을 권면한다. 이는 기억 속의 꿈을 명확하게 하는 데 도움이 될 뿐 아니라, 반복적으로 등장하는 꿈의 이미지와 주제를 추적할 수 있게 한다. 사실 장기적인 개인 성찰과 자기 계시의 원천으로서 꿈 일지를 쓰는 것보다 더 좋은 방법은 없다.

그럼에도 주의할 점이 있다. 꿈을 떠올리는 것은 강제적으로 할 수 없다. 따라서 반드시 얼만큼의 꿈을 기억해야겠다는 비이성적 기대는 하지 않는 것이 좋다. 수면연구소의 연구 결과에 의하면, 정신은 밤새 어떤 다른 형태로 활동을 하게 되고, 꿈의 상당 부분을 잊게 된다. 당신이 기억하는 정도에 만족하고, 그것으로부터 가능한 한 많은 것을 얻도록 집중하고, 필연적으로 잊는 부분에 대해서는 걱정하지 말라. 중요한 것은 기억하는 꿈의 양이 아니라, 당신의 기억에 남아 있는 것을 성찰하는 깊이이다.

꿈을 기록하거나 누군가에게 말할 때, 과거형보다는 현재형을 사용하려고 노력하라. 이는 꿈을 생기 있게 만들고, 당신의 인식 가운데 즉각적인 존재감을 되찾아 준다. 과거형으로 된 다음 문장을 보라. "내가 아래층으로 내려갔는데, 거기서 어떤 남자가 나한테 총을 겨누고 있었어." 이 문장을 현재형으로 바꾸면, "아래층으로 내려가고 있는데, 거기서 어떤 남자가 나한테 총을 겨누는 거야." 이 두 문장을 소리 내어 읽어 본다면, 후자가 훨씬 더 생동감 있게 들릴 것이다.

또한 하찮아 보이거나 중요해 보이지 않는 모든 요소를 포함해서 최대한 자세히 내용을 묘사하려고 노력하라. 때로는 겉보기에 중요하지 않은 내용이 전체적인 이해를 풍성하게 할 값진 의미를 표현하고 있는 것으로 판명되기도 하는 것이 꿈의 속성이다.

꿈을 기록하거나 말하고 난 이후 무엇을 할 수 있을까? 꿈 해석의 과정을 시작할 때, 대개 두 가지 다른 반응 중 하나를 취한다. 첫 번째는 침묵이며, 불편하고 막연하게 느끼는 위협과 혼란이다. "음, 이 꿈이 어떤 의미인지 전혀 모르겠습니다."라고 하거나 두 번째 반응은 마음에 떠오르는 아이디어와 통찰력에 대해 서둘러 이야기하고 싶은 압도적인 충동이다.

두 가지 반응은 모두 이해할 만하다. 하지만 두 반응 모두 꿈 해석 과정을 방해하는 것이다. 첫 번째 반응은 꿈 의미 식별의 어려움을 지나치게 과장하고 있고, 두 번째는 꿈의 의미 해석을 지나치게 빠르고 단순하게 보고 있다. 두 경우 모두 해석 과정이 시작되기도 전에 일단락된다.

꿈을 탐색하기 위한 가장 쉬운 방법은 구체적인 질문을 하는 것이다. 이는 꿈의 모든 요소를 탐색하고, 모든 무한한 가능성 중에서 왜 이꿈이 이러한 세부 사항을 묘사하는지 질문하는 것을 의미한다. 꿈은 자기 마음대로 할 수 있는 무한한 창의성을 가지고 있다는 것을 기억하라. 꿈은 우리를 어느 곳이든 데려가며, 누구와도 함께 있게 할 수 있으며, 무엇이든 가능하게 한다.

따라서 이런 질문이 필요하다. 왜 꿈이 그 장소를, 그 인물을, 그 활동을 선택했는가? 예를 들어, 고등학교 시절 남자친구가 정글을 통과하는 파란 차를 타는 것을 보는 꿈을 꾸었다고 가정해 보자.

세부 사항에 대한 질문은 다음과 같다. 그 남자친구가 지닌 성격의 주요한 특징은 어떤가? 그 남자친구와의 관계는 다른 남자친구들과 어떻게 다른가? 만일 그가 아니라 엄마나 아빠 등 다른 사람이 그 차에 있었다면 그 꿈이 어떻게 달라졌겠는가? 왜 수많은 사람 가운데 그 특정한 친구가 꿈에 나타났는가? 파란색 차는 어떤 의미인가? 만일 흰색이나 빨간색 혹은 은색이라면 꿈이 어떻게 달라졌겠는가? 자동차는 버스, 자전거, 기차를 타는 것과 어떤 차이가 있는가? 도시, 정원, 사막 등과 비교해 볼 때, 정글의 특별한 특성은 무엇인가?

이러한 질문에 대한 대답은 처음에는 현실 삶의 경험과 생각이 꿈과 연결되어 상호 결합된 기억의 흐름 형태로 나타난다. 이때 떠오르는 생각의 흐름을 꿈의 "의미"로 섣불리 고착시키기보다 가능한 한 자유롭게 흐르도록 두는 것이 현명하다. 꿈과 현실 삶의 기억 사이에 초기 연결이 이루어지면, 해석을 중단하기 쉽다. 사람들은 종종 이 단계에서 "오! 이런 내용이었구나. 이제 이해했어."라는 말을 하게 된다.

여기서 꿈 해석을 끝낸다면 아직 깨닫지 못한 꿈의 많은 가치를 놓치게 된다. 상세한 질문은 꿈이 어디서부터 온 것인지 핵심적인 정보를 드러낼 수 있지만, 꿈이 어디로 가는지에 대한 통찰을 주지 못한다. 꿈이 꿈꾸는 사람을 어디로 이끄는지에 대해 더 많이 배우기 위해서, 또한 성장과 발전을 위한 새로운 방향이 무엇인지 밝히기 위해서는 다른 질문이 필요하다. 이런 점에서 다음의 네 가지 질문은 유용하다.

첫째, 에너지, 강도, 생기의 측면에서 볼 때, 꿈에 나타난 선명한 요소는 무엇인가? 이러한 요소는 생기 있고 활동적인 인물, 강렬한 신체적 감각, 밝은 색상의 물체, 현저하게 아름다운 환경 등이 될 수 있다. 무엇이든 그러한 면(하나 혹은 그 이상의 뚜렷하게 선명한 영역이 있을 수 있다)에 주의를 집중하는 것이 중요하다. 꿈의 상상력은 무언가 특별하고 색다른 것, 꿈에서 다른 어떤 것보다도 현저하게 두드러진 무언가를 발생시킨다. 이러한 평범하지 않은 꿈의 요소를 의식의 세계로 불러오고 놀이하듯 그 독특성을 숙고하는 것을 통해, 전체적으로 새롭고 풍부한 통찰이 열리게 된다.

둘째, 꿈의 배경이나 인물 혹은 이야기 전개의 갑작스러운 전환이나 변화가 있는가? 이러한 변화는 대개 "갑자기" 또는 "그리고 나서" 등의 말들로 특징지어진다. 예를 들어, "뒷마당에 있었는데, 갑자기 작은 요정이 내 앞에 나타났고," "그리고 나서 장면이 전환되었고 고등학교 시절로 돌아갔어." 이러한 갑작스러운 전환에 특별히 관심을 집중하는 것은 도움이 된다. 대부분 이러한 전환은 꿈의 상상력이 무언가 새로운 것을 꿈으로 불러오는 지점이기 때문이다. 급작스러운 변화의 순간은 기발한 가능성이 꿈꾸는 사람의 인식으로 들어오는 순간이며, 일상과는 다른 양상으로 새로운 접속이 이루어지는 순간이며, 꿈꾸는 사람이 아직까지 한 번도 생각해 보거나 깨닫지 못했던 현실의 국면과 마주하는 순간이다.

셋째, 꿈에 나타난 요소 가운데 무엇이 이상하고, 기괴하고, "비현실적"인가? 대부분의 꿈은 실제로 일어난 사건 혹은 일상의 삶에서 일어날 법한 사건을 그린다. 하지만 어떤 꿈들은 완전히 낯설고 기괴한 요소를 담거나 현실에서는 전혀 일어날 가능성이 없는 요소가 나타난다. 만일 당신의 꿈이 일상의 현실과 완전히 동떨어진 하나, 혹은 그 이상의 요소를 가지고 있다면, 그 비현실적인 요소가 당신의 의식적 인식에 전해 줄 수 있는 낯설고 새로운 관점을 주의 깊게 성찰할 필요가 있다.

넷째, 꿈에서 눈에 띄는 대칭이나 대조되는 패턴이 있는가? 꿈에는 근본적인 차이를 보여주는 다양한 한 쌍의 대립이 주기적으로 나타난다. 남성과 여성, 어린이와 성인, 친족과 아닌 사람, 세속과 신성, 선과 악, 더위와 추위, 건조와 습기, 낮과 밤, 위와 아래, 앞과 뒤, 왼쪽과 오른쪽, 흰색과 검은색, 죽음과 생존, 빛과 어둠, 하나와 다수, 그 밖에 많은 것이 있다.

꿈에 관한 면밀한 연구를 통해 알게 된 것은, 일반적으로 꿈은 이러한 두 개의 요소가 보여주는 대칭과 대조라는 복잡한 패턴으로부터 형성된다는 사실이다. 이러한 패턴의 정체성을 파악한다는 것은 기대하지 않았던 의미의 일면들을 인식하는 데 도움이 된다. 중요한 사실은 꿈의 구조적 요소에 대한 성찰이 현재 삶에서 상반된 요소로 인해 겪게 되는 고통이나 갈등의 해소 방안에 대한 새로운 관점을 열어 줄 수 있다는 것이다.

이 네 가지 질문과 함께 시간을 보내게 될 때, 과거에 경험한 꿈의 뿌리를 탐색하고 평가해 볼 수 있는 좋은 자리에 서게 되는 것이다. 심각한 변화나 위기를 겪고 있을 때, 꿈은 현재 주어진 삶의 상황을 훨씬 넓은 차원에서 개인의 환경을 볼 수 있도록 연결해준다. 예를 들어, 이혼을 생각하고 있는 사람은 과거에 열렬했던 사랑의 관계, 상실과 애도의 경험, 혹은 얽매임 없던 독신 시절의 꿈을 꿀 수 있다. 이러한 꿈은 삶의 앞선 시기(프로이트가 깨달았던 것처럼, 때로는 어린 시절로 거슬러 올라가는 등)의 유사한 상황을 떠올리고, 삶의 도전에 더욱 원만하게 대처하기 위한 의식적인 감정과 기억을 불러옴으로써 현재 어려움에 반응한다.

우리가 살펴본 것처럼 꿈은 꿈꾸는 사람의 과거를 돌아보게 할 뿐 아니라, 미래 삶의 먼 지평을 바라보게 한다. 꿈은 로또 복권에 당첨될 숫자를 골라주거나 주식시장의 가격을 예측해 주지는 않는다. 꿈은 미래의 우발적 사태를 예상하고 그에 대한 반응을 연습할 수 있는 능력이 있다. 그러기에 꿈을 해석하기 위한 노력의 핵심은 바로 질문하는 것이다. 이 꿈이 미래를 위한 어떤 새로운 가능성을 드러나게 해 줄 것인가? 이혼을 고려하는 사람에 대한 예를 계속해서 생각하면, 꿈이 이혼 후의 모습이 어떨지 생각하게 하는가? 꿈이 관계를 지속하기 위한 어떤 새로운 방법을 그려보게 하는가? 이혼의 실제 발생 여부를 꿈꾸는 사람이 바꾸고 변화시키는 방법을 알게 하는가?

이런 종류의 미래 지향적 질문을 한다고 해서 간단하고 명확한 답이 나오는 것은 아니다. 그러나 지각의 폭이 넓어지고, 이전의 개념 경계에서 해방되고, 새로운 형태의 인식, 통찰력, 민감성을 얻게 된다.

특히 삶의 마지막을 마주하고 있을 때, 희망이 보이지 않고 절망으로부터 탈출할 가능성이 없을 때, 강렬한 꿈 경험은 때로 미래에 대해 자유롭고 창의적으로 생각할 수 있는 개인의 능력을 되살린다. 꿈의 가치는 단순히 구체적인 내용(아무리 심오하다 할지라도)이 아니라, 꿈꾸는 사람에게는 희망을 가질 수 있는 능력이 여전히 살아있다는 것을 보여주는 방식에 있다.

하나의 명확한 의미를 가진 꿈은 거의 없다. 반대로 대부분의 꿈은 여러 차원의 의미를 지니고 있으며, 어떤 것은 즉시 나타나고, 어떤 것은 의식적 인식에 도달하는 데 훨씬 오랜 시간이 걸린다.

결론적으로 꿈 해석이 언제 완성되는지 정해진 규칙은 없다. 현재 삶의 상황과 가장 관련 있는 의미를 파악한 후, 어떤 시점에서 해석을 중단해야 할지는 스스로 결정해야 한다. 당신의 성찰이 마무리에 이르렀다고 느끼는 시점에 자연스럽게 해석이 끝나는 순간이 종종 온다.

하지만 그렇게 마무리 짓기 전에 숙고하는 시간을 가져야 한다. 꿈을 이해하는 데 가장 큰 장애물은 저항의 형태로 나타난다. 저항은 꿈에서 불안을 일으키는 에너지가 변화와 성장을 강요하며, 깨어 있는 의식에 들어갈 때 느끼는 불편함과 거리낌이다.

저항은 인간의 자연스러운 성향이며, 진정한 미덕일 수 있는 신중한 사리 분별의 겸손한 형태이다. 하지만 저항은 꿈의 깊고 변혁적인 통찰 인지를 방해한다. 이러한 통찰이 세상을 보는 일상적이고 습관적인 방식에 도전을 주기 때문이다.

그러므로 꿈 해석이 "자연스러운" 중단 지점에 이르렀다면, 질문은 이것이다. 당신이 생각하기를 꺼리는 아이디어, 감정, 기억에 직면할 때 저항에 영향을 미치는 요소에 대한 성찰이 있었는가? 잠시 멈추고 이 질문을 깊이 묵상한다면, 그 침묵 속에서 다른 차원의 꿈 의미, 통찰과 자기 계시를 발견할 것이다.

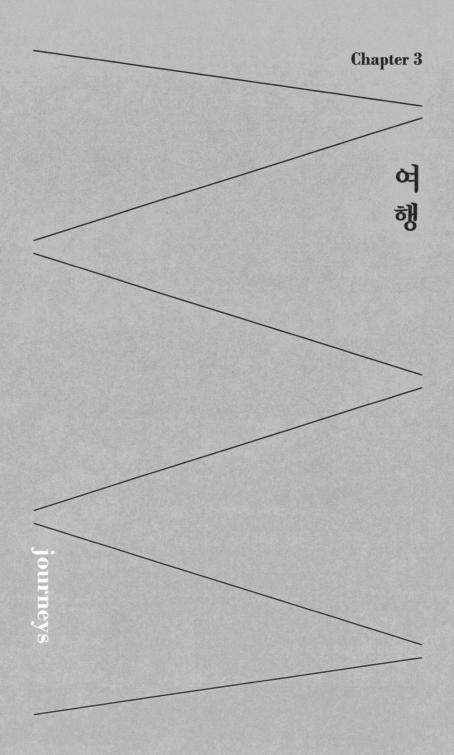

Chapter 3

여
행

journeys

Dreaming Beyond Death
A Guide to Pre-Death Dreams and Visions

떠나감
journeys

죽음은 끝이 아니다. 오히려 새로운 시작이며, 인간이 몸의 삶에서 이를 초월한 장소로 향하는 이동이다. 이는 죽음을 여행 메타포로 표현하는 수많은 죽음예지 꿈이 증언한다. 여행, 떠나감, 이동, 장소의 변화, 어떤 장소에서 다른 장소로 횡단하는 꿈은 일반적이며, 이러한 꿈은 죽어 가는 사람에게 중대한 변화가 올 것을 상상하게 하고 앞으로 펼쳐질 일들을 예측하도록 돕는다. 꿈에 나타난 형상은 그/그녀의 특별한 삶의 상황 안에서 직접적으로 말한다. 이에 따른 감정의 영향은 때로 엄청나다. 두려움과 절망을 묵묵히 받아들이고 심지어 기대감까지 갖게 하는 근본적인 변화를 일으키기도 한다.

서론에서 언급했던 선장 빌도 이런 경험을 했다. 밤에 알 수 없는 바다를 항해하는 꿈이 질병으로 인해 어쩔 수 없이 맞이할 운명에 대한 우울함을 거슬러 "설렘과 흥분" 가득한 그의 모험심을 자극한 것이다. 그의 꿈은 그가 조종하던 화물선이 중국 남쪽 해양을 통과할 때 마주했던 광대한 미지의 바다를 떠올리며 특별한 순간으로 이끌었다.

이러한 꿈은 은유적으로 빌이 '당시' 경험했던 영적 신뢰와 '현재' 경험하고 있는 영적 불안감 사이의 연결점을 갖도록 고양시켰다. 그는 꿈을 꾼 후에 이렇게 말했다. "떠날 준비가 된 것 같습니다. 하루하루 그렇게 느껴집니다." 여행을 은유로 한 죽음예지 꿈을 꾸는 것은 미래를 향해 삶의 끝을 넘어서는 존재의 새로운 영역 안으로 들어서기 위한 적응 과정이다.

이러한 가공할 만한 꿈의 은유는 다양한 형태로 나타나는데, 각각 중요한 의미를 내포하고 있으며, 꿈꾸는 사람의 삶과 연관된 상세한 내용을 담고 있다. 이 장에서 우리는 교차-문화적 양식과 삶의 관심거리를 동시에 주시하면서, 여행을 주제로 한 죽음예지 꿈을 포함하여 몇 개의 죽음예지 꿈 사례를 숙고해 보고자 한다. 물론 당신은 여기서 예시하는 꿈과 정확히 똑같은 꿈을 꾼 적이 없을지도 모른다. 하지만 무슨 꿈을 꾸었든지 다른 사람의 꿈 경험에 비추어 자신의 꿈을 본다면 더욱 깊이 이해하게 될 것이다.

소크라테스의 마지막 꿈

여행으로서의 죽음예지 꿈의 문화적 특징을 살펴보는 좋은 방법은 현재 시점에서 한걸음 물러나 다른 시대와 장소에 있는 누군가의 경험을 들여다보는 것이다. 서양 역사의 비교적 초기에 일어난 분명한 예는 고대 그리스 철학자 소크라테스(Socrates)의 꿈이다.

그는 아테네 권력자들에 의해 처형되기 전, 자신이 경험한 주목할 만한 꿈을 이야기하였다. 그는 (전통적인 가치와 신념에 도전을 주면서) 도시의 젊은이를 타락시키고 새로운 신(신과 인간 사이의 어떤 존재 "데이몬(daemon)" 혹은 그에게 개인적인 안내를 해주는 "신적인 것") 숭배를 옹호한다는 두 가지 죄목으로 옥에 갇혔다. 본질적으로 소크라테스는 진정한 철학가의 삶을 살아가기 위한 문제에 봉착했다. 그의 친구들과 제자들은 그가 다른 나라로 도망하기를 간절히 원했고, 이를 돕기 위한 계획도 준비했다. 하지만 그는 자신을 향한 아테네의 불의에 대항하여 불의함으로 맞서는 것을 거부하면서 떠나지 않을 것이라 말했다.

이러한 죄명에 유죄가 선고된 사람은 즉시 처형되는 것이 일반적이다. 하지만 소크라테스의 재판이 시작되기 전날 아테네는 배를 델로스 섬으로 보내 제물을 바치는 중요한 종교 과업을 수행하고 있었다. 배가 돌아오기 전까지 아테네는 종교적인 순결함을 유지해야 했고, 어떠한 처형도 수행할 수 없었다.

배가 돌아오는 것과 자신의 죽음을 참을성 있게 기다리며, 소크라테스는 옥에 앉아 있었다. 재판이 있고 난 후 한 달쯤 지난 어느 날 아침이었다. 감옥에 있던 소크라테스가 잠에서 깨어났을 때, 친구 크리톤(Crito)이 곁에 있는 것을 발견했다. 그는 말했다. "친구, 왜 나를 깨우지 않았나?" 크리톤은 그가 편안하게 자고 있는 것 같아 깨우면서까지 나쁜 소식을 전하고 싶지 않았다고 대답했다. 이웃 마을 사람들이 그 무시무시한 배가 지나가는 것을 보았다는 것이다. 다시 말해, 바로 오늘 배가 아테네에 도착할 수 있다는 의미이다. 소크라테스가 했던 말은 『플라톤의 대화』 크리톤 편에 기록되어 있다.

- 소크라테스: 글쎄, 크리톤. 나는 이것이 가장 최선이길 바라네. 만일 신들의 뜻이 그렇다면 그대로 될 걸세. 그런데 아무래도 나는 오늘 배가 도착하지 않을 것이라 생각하네.
- 크리톤: 무엇이 그와 같은 생각을 하게 했는가?
- 소크라테스: 한 번 설명해 보겠네. 나는 배가 도착한 다음날 죽게 될 것이라고 생각하네.
- 크리톤: 여하튼 그게 권력자들이 한 말이네.
- 소크라테스: 그렇다면 나는 이제 막 하루가 시작한 오늘 배가 도착할 것이라 생각하지 않네. 다음날일세. 어젯밤에, 그러니까 바로 얼마 전에 꿈을 꾸었네. 자네가 나를 깨우지 않은 것이 옳았던 것이라고 보이네.
- 크리톤: 그 꿈이 어떤 내용이었기에 그렇게 생각하나?
- 소크라테스: 흰 예복을 입은 찬란하고 아름다운 한 여인을 보았네. 그녀는 다가와 이런 말을 해주었네. "소크라테스여, 그대는 셋째 날에 비옥한 프티아(Phthia) 땅에 이르게 될 것이요."
- 크리톤: 소크라테스, 자네의 꿈은 말도 안 되네.
- 소크라테스: 크리톤, 내 생각에는 완벽할 정도로 분명해 보이네.[32]

---

32) Plato 1961, Crito 43d-44b.

소크라테스의 꿈은 그가 얼마나 신적 영역에 가깝게 연결되어 있는 지를 보여주는 예언적 계시로 나타났다. 하지만 그 꿈에는 임박한 죽음에 대한 태도와 관련하여 한층 더 중요한 차원을 드러내는 요소가 있다. 그러한 요소를 나타내는 구절이다. "그대는 셋째 날에 비옥한 프티아 땅에 이르게 될 것이요." 앞서 논의했던 꿈에 나타난 특정한 세부 묘사의 중요성을 떠올려 볼 때, 여기서 질문하는 것은, '왜 이러한 구체적인 단어들이 예언을 전달하기 위해 사용되었는가?'이다.

이 구절은 그저 임의적인 것이 아니다. 고대 그리스의 "성경"이라고 말할 수 있는 호메로스(Homer)의 서사시 '일리아드(Iliad)'에 나오는 구절을 인용한 것이다. 가장 위대한 전사 아킬레스(Achilles)는 설화의 한 장면에서 전쟁을 포기하고 싶은 마음이 들었던 그는 사흘간의 항해 후 그가 즐거움, 번영, 편안함을 남겨둔 채 떠났던 고향 "전망 좋은 프티아"로 돌아갈 것이라고 했다. 하지만 가장 친한 친구인 파트로클로스(Patroklos)가 트로이 전쟁에서 죽었다는 소식을 듣자, 분노에 찬 아킬레스는 마음을 바꿔 전쟁터로 돌아와 트로이 장군 헥토르(Hektor)를 죽였다. 그리고 얼마 지나지 않아 그도 죽임을 당한다.

고대 그리스에서 아킬레스는 전쟁의 영광을 위해 프티아에서의 행복한 삶을 희생한 미덕의 남성, 위대한 전사의 이상적인 이미지를 가졌다. 소크라테스의 꿈에 이 일리아드의 인용구가 나온 것은 그를 중요한 역사적 인물과 비교하는 것이며, 자기 죽음의 의미를 내다보려는 노력이다. 아킬레스처럼 소크라테스도 위대하고 존엄한 이유로 기꺼이 삶을 포기하였으며, 용기와 확신을 가지고 신중히 죽음을 직면하게 되었다.

하지만 아킬레스와 다르게 소크라테스는 그의 결심에 따라 평안을 누렸다. 아킬레스가 프티아의 좋은 것들과 전쟁의 영광 사이에서 갈등하고 괴로워했던 반면, 소크라테스는 전혀 감정적인 분열로 괴로워하지 않았다. 그에게 존엄한 죽음과 프티아로의 항해는 다른 것이 아닌 같은 것이었다. 죽음은 진실과 정의에 헌신한 철학자의 삶에서 비롯된 행복을 소멸시킬 수 없었다.

소크라테스의 꿈에서 또 다른 중요한 요소는 여인의 모습이다. 그녀는 꿈에서 신뢰감 있게 소크라테스에게 말한다. 이는 그의 삶을 통틀어 발견한 데이몬과 연관이 있다. 평소 그의 데이몬은 단순한 목소리였던 반면에, 꿈에서는 목소리와 몸으로 나타난다. 그냥 아무 몸이 아니라 찬란하고 아름다운 여성의 몸, 빛나는 순수로 옷을 입은 몸이다.

죽음의 문턱에 서 있는 나이든 남자에게, 인생의 숙명을 넘어 미지의 영역으로 향하는 신비스러운 출항에 초대하는 방식이 이처럼 아름답고 안전한 방법은 없을 것이다. 그 여인은 소크라테스 최후의 철학적 통찰이다. 죽음이 의미 있는 행동이며, 그가 평생 가치 있게 여겼던 원칙이 가장 위대한 형태로 체화된 신적 몸이다.

우리는 다음 장에서 죽음예지 꿈에 나타나는 안내인들에 관해 보다 상세히 다룰 것이다. 지금은 소크라테스 이야기의 본질적 주제인 여행, 그 가운데 선박 항해라는 특정한 이미지에 초점을 맞추려고 한다. 그 꿈은 아킬레스의 배와 소크라테스의 죽음을 상징하는 도시로 돌아오는 아테네 사람들의 배를 연결시킨다. 죽음을 바다 여행으로 상징화하는 것은 역사적으로 종종 등장하는 주제이다. 한편으로는, 대양의 강력한 매력을 반영하기도 한다. 활짝 열린 수평선, 파도의 리드미컬한 부서짐, 광활함, 짠내 나는 공기 등은 자연적으로 내세에 대한 생각을 떠올리게 만든다. 다른 한편으로, 바다 항해라는 은유는 인간 문명 발달이라는 뚜렷한 역할을 반영한다. 폴리네시안(Polynesian)들의 남태평양 전역을 향한 항해, 북대서양을 가로지르는 게르만 바이킹(Nordic Viking)의 공격적인 침략, 에스키모인들의 북극 항해, 콜럼버스(Columbus)와 드레이크(Drake) 같은 유럽 선원들의 식민화를 위한 항해에 이르기까지, 인간들은 항상 가장 먼 대양에 이르는 탐험을 이어왔으며, 그들이 발견한 것은 자기 자신과 세상에 대한 이해를 철저하게 뒤바꿔 놓았다.

눈부신 변화에 대한 희망과 성장의 가능성을 아우르는 끝없이 펼쳐진 광대한 바다는 특별히 항해를 죽음의 메타포로 사용하기에 적합하도록 해준다. 소크라테스의 꿈은 그러한 공통 주제를 끌어냈고, 여행의 궁극적인 목적지에 대한 문화적인 관련성을 그 주제와 창의적으로 연결시켰다. 만일 당신이나 내가 "비옥한 프티아"에 관한 꿈을 꾸었다면, 아마 그리 큰 의미는 없었을 것이다. 하지만 소크라테스에게 있어서 아름다운 여인의 말은 충분히 이해할 만했다. 그녀의 언어는 소크라테스에게 익숙했으며, 마지막 남은 날들 가운데 의미를 찾고자 했던 그의 개인적인 노력을 직접적으로 드러내었다.

현대의 운송 수단

이제 다시 현재로 돌아오면, 몇 가지 현대 운송 수단 유형이 죽음예지 꿈에 나타난다. 기차, 지하철, 엘리베이터, 항공기, 그리고 가장 많이 나타나는 것은 자동차이다. 자동차 꿈은 삶의 다양한 단계에서 중요한 역할을 한다. 아이들에게, 자동차나 트럭 꿈은 종종 일상생활에서 교통 체증에 걸리는 불안감을 반영한다. 청소년들에게 운전하는 꿈은, 운전면허증을 소지할 수 있을 나이가 되는 것과 더불어 큰 자유를 표현한다. 성인들에게 자동차의 색상, 모양, 연식, 차의 상태 등 다각적인 이미지는, 은유적으로 꿈꾸는 자의 인격에 부합하여 나타나는 자아를 상징한다.

꿈에서 자동차의 등장은 그리 놀랄 만한 일이 아니다. 우리는 어떤 차를 운전하느냐로 그 사람의 정체성, 경제적인 상태, 가치 체계를 측량하는 사회에 살고 있기 때문이다. 꿈에 나타난 자동차는 그러한 문화적 의미와 일상의 개인적인 관심과 합쳐지게 된다. 리무진을 타는 꿈은 많은 대중의 관심에 대한 욕망의 표현이거나, 브레이크가 말을 듣지 않는 꿈은 삶에서 통제 불능의 감정이 반영된 것일 수 있으며, 사람들로 가득 찬 미니밴(minivan)[33] 안에 갇혀 있는 꿈은 가족 간의 문제와 연결될 수 있다.

어떤 메타포가 적합한 것인지를 결정하는 것은 꿈꾸는 사람의 몫이다. 여전히 자동차의 문화적 상징은 강력하여 거의 모든 사람의 꿈속에 자동차와 관련된 특정 주제와 이미지가 나타난다. 정신분석학자이자 인류학자인 더글라스 홀란(Douglas Hollan)은 다음과 같이 말했다.

어떤 종류의 문화적 견해가 "자아(self)를 자동차" 이미지로 생각하게 만든 것일까? 아마도 사람들은 어떠한 방해 없이 부드럽게 앞으로 나아가야 한다는 생각, 삶과 사람들이 무너질 때 그들은 개선이 가능해야 한다

---

33) 역자 주: 미국의 미니밴은 7~9인승으로 대개 가족용 차로 여겨진다.

는 생각, 삶은 지속적인 움직임과 진전을 내포하는 여행이라는 생각, 도로 갓길에 너무 오래 멈추어 있으면 문제가 된다는 생각, 크고 강하고 빠르고 힘 있는 차가 작고 약하고 느리고 힘없는 차보다 더 좋다는 생각, 자동차를 운전하는 것보다는 운전자를 두는 편이 더 낫다는 생각, 자동차를 소유하는 것이 없는 것보다 낫다는 생각, 자신의 차는 자신만의 성(castle)이며 그 영역은 신성하다는 생각.[34]

죽음예지 꿈에서 자동차를 보게 될 때, 우리는 위에서 말한 것 이상의 의미들을 발견한다. 자동차는 인간의 삶을 초월한 미지의 목적지로 여행하기 위한 고도의 개인화된 수단으로 나타난다. 이 메타포의 힘은 일 년에 수만 명이 자동차 사고로 죽어 가는 슬픈 사회 현실에서 그 어떤 것보다도 강력하다. 자신이 운전하는 차 안에서 세상을 떠난다는 사실은 현대 사회를 살아가는 사람이라면 다양한 차원에서 납득 가능한 일이다.

학교에서 인기가 많았던 라이언(Ryan)이 교통사고로 죽은 것은 스콧(Scott)이 고등학교 2학년 때였다. 스콧은 라이언과 가까운 친구 사이는 아니었지만, 알고 지냈던 젊은 누군가의 갑작스러운 죽음에 깊은 영향을 받았다. 몇 달이 지난 후 스콧은 두통을 호소하기 시작했고, 의사는 충격적인 진단을 전했다. 뇌에 종양에 생겼으며, 이상할 만큼 급속도로 번져 살날이 몇 주 남지 않았다는 것이었다. 스콧과 가족은 어안이 벙벙하였다. 티쉬가 병원에 있는 그를 방문했을 때, 그 학생은 마르고, 창백

---

34) Hollan 2003, pp. 70-71.

했으며, 감정적으로 무감각한 상태였다. 양해를 구해 가족과 친구들을 밖으로 내보내고 그와 대화를 시작했을 때, 현재 그를 가장 슬프게 만드는 것은 이제 더이상 운전면허를 취득할 수 없다는 사실이라고 말했다.

그의 말을 종합한 결과, 티쉬는 운전에 관심이 있는 것이 아니라 운전면허와 함께 가질 수 있는 자유, 사회적 지위, 여자들에게 감동을 줄 기회에 더 관심이 있다는 것을 알게 되었다. 티쉬 역시 그가 운전면허증에 대해 느끼는 슬픔이 다른 많은 원인이 응축되서 오는 끔찍한 슬픔이라는 사실을 이해할 수 있었다.

실제로 말기 질환을 앓고 있는 사람들은 종종 여러 가지 염려를 표현하는 방식으로 어떤 특정한 관심이나 염려에 모든 정서적 에너지를 쏟으며 이에 집착하는 경향이 있다.

티쉬가 스콧을 마지막으로 방문했을 때, 그의 모습은 눈에 띄게 달라져 있었다. 그가 말했다. "티쉬, 제가 꾼 꿈을 상상할 수 있겠어요?" 티쉬는 흥미로운 표정으로 고개를 저으며 꿈에 관해 물어보았다.

어젯밤 꿈에 스콧은 학교 친구인 죽은 라이언이 살아서 돌아왔다고 했다. 라이언은 빨간 컨버터블 차에 앉아 있었고, 스콧에게 "태워줄까?"라고 물었다. 그는 기쁜 마음으로 그러겠다고 하면서 차에 올라탔고, 그들은 어딘가를 향해 달려갔다고 말했다.

티쉬에게 꿈을 이야기하던 스콧은 이것이 마지막으로 기대했던 일이었고, 신기하게도 희망했던 것과 똑같은 일이 일어났다고 했다. 이 굉장한 꿈은 그에게 죽음에 대한 새로운 관점을 열어주었으며, 그 여행이 자신을 어디로 데려가게 될지 실제로 흥분되는 감정을 느꼈다고 말했다.

이러한 꿈의 정서적인 영향은 분명히 구별되는 상세한 내용에 따라 더욱 고조된다. 스콧의 경우 '빨간 컨버터블 차'가 그렇다. 다른 자동차와 비교해 볼 때, 컨버터블 차는 지붕이 없어 공기와 바람에 열려 있다. 이러한 요소는 천국이 막힘없이 열려 있음을 상징한다. 컨버터블 차는 모험과 자유의 감성을 표현하며 젊음, 활력, 속도와 연결된다. 그 차가 빨간색이라는 사실은 이러한 특성과 완벽하게 들어맞는다. 꿈속의 색상은 항상 탐구할 가치가 있다. 때로 말로 표현할 수 없는 감정이나 욕망 혹은 분위기를 드러내기 때문이다.

비록 특정한 색상이 보편적으로 고정된 의미는 없다 할지라도, 빨간색은 꿈에서 가장 널리 경험하는 색상이다. 인간 생명의 생체적 선결 조건인 피와 연결된다. 미국 문화에서 빨간색은 은유적으로 열정, 삶의 활력, 불타는 정신과 관련이 있다. 나아가 이러한 특성은 꿈에서 스콧을 그토록 흥분시키는 차에 태워준 인기 많던 학교 친구 라이언과 연결된다. 이는 죽음의 여행일 수 있다. 특히 그 차가 라이언과 함께 출발했다는 것으로 봐서 의심의 여지가 없다.

하지만 이는 역설적으로 삶의 여행, 스콧에게 새로운 발견과 놀라운 변화를 약속하는 여행에 올라탄 것일 수 있다. 빌의 항해 꿈에서 죽음을 무한한 바다로 향하는 여행으로 그렸던 것처럼, 스콧의 꿈은 죽음을 탁 트인 도로를 달리는 자유로운 여행으로 상상하게 한다. 한편 자동차 꿈은 삶에서 죽음으로 향하는 끔찍한 두려움을 표현하기도 한다.

84세의 말지(Margie)는 얼마 남지 않은 마지막 생의 시간을 딸 안젤라(Angela)의 집에서 보내고 있었다. 의사가 더 이상 해 줄 것이 없으니 집으로 돌아가라고 했을 때, 말지는 두려움과 혼란, 절망에 빠져 버렸다. 이른 아침, 안젤라는 미친 듯이 소리치는 엄마의 소리에 잠에서 깨었다. 말지는 이 말을 반복했다. "차에 운전사가 없어! 운전사가 없어!" 안젤라가 서둘러 방에 들어갔을 때, 무언가 붙잡으려는 듯 손을 뻗으며 두려움 속에 도움을 청하는 엄마를 발견했다. 꿈에서 깬 말지는 자신의 꿈을 열거해 가며 말했다.

> 그녀는 차 안에 있었다. 하지만 운전자가 없었다. 차는 가파른 경사로를 내달리고 있었는데, 그 끝에는 큰 도랑이 있었고, 그곳에는 두 남자가 땅을 파고 있었다. 평지에는 손자 손녀들과 잘 아는 아이들이 뛰어놀고 있었다. 그녀는 아이들을 향해 소리쳤다. 그들에게 가까이 다가갔을 때 그녀가 있다는 사실을 아무도 인지하지 못하고 그냥 스쳐 지나갔다.

안젤라는 꿈 때문에 힘들어하는 엄마를 진정시키는 데 아침 시간을 다 보냈다. 우리는 그녀의 두려움을 쉽게 이해할 수 있었다. 자동차가 은유적으로 자아를 상징한다면, 운전사가 없는 차 안에서 파헤쳐진 무덤을 향해 가파른 언덕을 질주하는 것보다 임박한 죽음을 보여주는 끔찍한 꿈은 없을 것이다. 말지의 꿈은 곤경에 빠진 그녀를 알아차리지 못한 채 순진하게 뛰어놀고 있는 아이들이라는 상세함을 포함하고 있다. 이는 정확하게 그녀의 사랑하는 가족들에게 버려져 외롭게 죽어갈 것 같은 현실의 두려움을 반영하고 있다. 비록 지금 딸에게 돌봄을 받고 있지만, 죽음 앞에 홀로 남겨져 버린 자신의 상황에 두려워하고 있었다. 그녀의 꿈은 극적인 대립 상황을 통해 불안감을 묘사하고 있다.

말지의 입장에서 보면, 그녀는 늙고, 죽어 가고, 홀로 운명의 차 안에 있다. 한편 아이들은 삶의 이미지에 걸맞게 뛰놀고 있으며, 생동감 넘치고, 활발한 교제를 나누고 있다. 말지의 꿈 역시 죽음을 여행으로 나타내고 있다. 하지만 전체적으로 부정적인 모습의 여행이다. 죽음이 삶과의 완전한 분리, 모든 관계와의 단절, 어두운 구덩이를 향해 절망적으로 뛰어드는 것으로 나타났다.

다음 장에서 우리는 말지가 다음날 꾼 꿈을 다룰 것이다. 그것은 예상치 않았던 무언가가 그녀의 상상에 들어와 운전사 없는 자동차로서의 죽음에 대한 대안적인 비전을 제공하는 꿈이다.

미묘한 변화

여행으로서의 죽음예지 꿈 메타포는 다양한 운송 수단과 궁극적 목적지의 이미지를 포함하는 여러 형태로 나타날 수 있다. 이러한 꿈들이 공유하는 것은 죽음을 한 곳에서 다른 장소로의 통과 혹은 이동으로 표현하는 것이다. 선박과 자동차 꿈들에서 이동은 장거리이며, 대규모로 빠른 속도로 강력한 운송 수단에 의해 그려진다. 또 다른 꿈들에서는 이동이 보다 미묘하다. 어떤 기술적 도움이나 넓은 물리적 공간도 필요 없이 일어나지만, 그럼에도 비슷한 힘과 충격을 유발하는 감정적 경험을 하게 만든다.

수잔(Suzanne)은 말기 질환으로 병원에서 마지막 시간을 고통스럽게 보내고 있던 나이 많은 여성이었다. 어느 날 아침, 그녀는 금방 꿈에서 깨어났다며 의사에게 말했다.

그녀는 병실 창턱 위에 타고 있던 초를 보고 있었는데, 갑자기 초가 꺼
져버렸다. 어두움이 그녀를 덮치자, 두려움과 불안한 마음이 들었다.
그런데 갑자기 창가 반대편에서 촛불이 다시 밝혀졌고, 그녀는 꿈에서
깨어났다.

바로 그날 수잔은 "매우 평안한 모습으로" 죽음을 맞이했다.[35] 그녀
의 꿈에서 은유적 이미지는 심오하면서도 단순하다. 그녀는 거의 죽을
때가 되었다. 무슨 일이 일어날 것인가? 고통스러울까? 어디로 가는 것
일까? 이러한 본질적이고 존재론적인 질문에 수잔의 꿈은 촛불이 꺼지
고 다시 켜지는 환상을 통해 응답하였다. 그 촛불은 병실에서 꺼졌다.
그리고 어둠과 두려움의 순간이 있었다. 하지만 그 순간 다시 바깥 창가
에 촛불이 켜졌다.

불은 많은 문화와 종교 전통에서 인간의 영속적 본질을 상징한다.
또한 세계 도처에서 발견되는 장례식 중에는 죽은 사람의 영혼을 그의
몸으로부터 해방하기 위해 태우는 의식을 포함하기도 한다. 수잔의 꿈
은 이와 같은 은유적 이미지를 보여주었고, 불꽃이 창가 안에서 밖으로
이동하는 모습으로 죽음을 나타내었다.

그러한 이동은 물리적 공간 측면에서 보면 먼 거리가 아니다. 또한
실제 통과의 방법도 분명하지는 않다. 어떤 면에서는 병실 안에서 꺼진

---

35) Fourtier 1972, p. 1.

불꽃이 이후에도 지속되고 있다. 수잔은 창밖 어두운 공간에서 다시 불빛이 살아나는 것을 보았고, 그것은 길을 비춰주는 횃불처럼 계속 타오르고 있었다. 담당 의사의 증언에 의하면, 이 짧으면서도 선명한 죽음예지 꿈은 수잔이 임박한 죽음을 두려움이나 절망감 없이 받아들이도록 도왔다.

삶의 회고

여행으로서의 죽음예지 꿈은 보다 신비스러운 형태로 나타나기도 한다. 성공회 신부이자 융 학파 분석가인 존 샌포드는 아버지가 죽기 일주일 전에 꾼 꿈을 기록했다. 아버지는 신장병으로 죽어 가고 있었고, 병원에서 고통스러운 검사와 힘든 치료 과정으로 인해 우울과 굴욕감을 느꼈다. 그가 꿈을 꾸었다.

잠에서 깨어났을 때 그는 거실에 있었다. 어린 시절을 보낸 버몬트(Vermont)의 낡은 집 거실이었다. 또다시 집이 바뀌었다. (그가 처음 직장을 얻었던) 코네티컷(Connecticut)으로, (선교사로 일했던) 중국으로, (그가 종종 방문했던) 펜실베이니아(Pennsylvania)로, 뉴저지(New Jersey)로, 그런 다음 다시 거실로 돌아왔다. 중국 이후 모든 장면마다 아내가 있었는데, 시간에 따라 다른 나이의 모습으로 나타났다. 마침내 그는 거실 뒤쪽 소파에 누워 있는 자신을 보았다. 아내는 계단 아래로 내려가고 있었고, 의사는 거실에 있었다. 의사가 말했다. "오! 그가 죽었어요." 그러자 사람들이 꿈에서 희미해져 갔다. 그는 벽난로 위를 보았다. 시계바늘이 움직이다가 멈추었다. 그때 벽난로 시계 뒤에 있는 창문이 열렸고, 밝은 빛이 들어왔다. 열린 창은 점점 넓어져 문이 되고, 그 빛은 찬란한 길로 바뀌었다. 그는 그 빛의 길을 따라 걸으며 사라졌다.[36]

이것은 한 개인의 삶 전체를 조망하는 꿈이며, 시간을 가로질러 궁극적인 시간의 정지로 향하는 파노라마이다. 아버지는 중국에서 아내를 처음 만났던 순간부터 마지막 순간에 이르기까지 삶의 중요한 과정들을 한결같은 동반자인 아내와 함께 되돌아보았다.

의사가 그의 죽음을 선고했을 때 시계는 멈추었다. 하지만 육체적 삶의 연대기적 여행은 끝났을지 모르지만, 그 꿈은 찬란하게 빛나는 영원의 길을 향하는 새로운 여행을 조명하고 있다.

샌포드는 이렇게 기록했다. "아버지는 이 꿈이 죽음에 대한 암시임을 물론 알고 계셨다. 하지만 더 이상 어떤 불안감도 느끼지 않았다. 일주일 후 아버지가 돌아가셨을 때 아주 평화로운 상태였다. 집에서 잠들었고, 마치 깨어나는 것을 '잊은 듯했다.' 우리는 무덤 비석에 그가 걸었던 '빛의 길(path of light)'이라는 특별한 문구를 새겼다."[37]

---

36) Sanford 1982, pp. 59-60. (좀 더 자세한 묘사를 위해 샌포드의 책 내용을 약간 수정하였다.)
37) Sanford 1982, p. 62.

단지 소망의 실현?

역사를 통틀어 사람들은 꿈이 우리의 가장 깊은 소망과 욕구를 해결하는 경향이 있다는 사실을 인지하고 있다. 프로이트는 강력한 소망이 현실에서 좌절될 때, 그날 밤 그와 관련된 꿈을 꾸게 된다는 가정 아래 정신분석 이론의 기틀을 세웠다.

앞서 살펴본 소크라테스, 스콧, 수잔, 샌포드 아버지의 꿈은 일종의 사후생에 대한 약속을 제공한다는 점에서 프로이트 학파가 주장하는 소망 성취 꿈의 완벽한 예를 보여주고 있는 것처럼 느껴진다.

그 소망은 죽지 않으려는 유기체의 원초적 욕망이며, 꿈은 그러한 죽음의 종국을 부정하는 환상적인 이미지를 실현한다. 프로이트는 그러한 꿈의 모호한 면을 보았다. 그러한 꿈이 냉담하고 어려운 현실 세계와의 직면을 회피하려는 유아기적 본능을 드러낸다고 느꼈기 때문이다. 따라서 진정한 감정적 성숙을 이루기 위해서는 소원을 단념하고, 행복하게 느껴지는 환상적인 꿈을 포기하고, 대신 현실의 합리적인 수위에 몰두해야 한다고 주장한다.

우리는 프로이트의 꿈 통찰에 어느 정도 동의하지만, 소망적 꿈에 대한 그의 거부에 동의하지는 않는다. 지금까지 논의한 매우 선명하고 기억할 만한 꿈들은 현실 세계를 직면하는 개인의 능력을 약화시키지 않는다. 오히려 소크라테스, 스콧, 수잔, 샌포드의 아버지가 꿈을 꾸고 난 이후 두려움이 사라지고 희망을 느꼈던 것처럼 현실 능력을 강화한다. 그들 꿈의 정서적 힘은 그들이 가장 도움이 필요한 순간에 적응력을 강화시켰다. 만일 이것이 소망 성취 꿈이라면, 그러한 꿈들은 더 큰 용기,

활력, 지혜의 욕구를 충족하는 소망의 성취라고 볼 수 있다.

이 점은 티쉬가 중년 여성 루스와 함께한 작업에서 주목할 만한 예를 찾을 수 있다. 호스피스 상담사는 티쉬에게 이제 삶이 몇 주 남지 않은 상황에서 극도의 불안과 초초함을 느끼는 루스를 돌봐 달라고 요청했다. 어린 시절부터 줄곧 그녀의 삶에 의미 있었던 기독교 신앙은, 그녀의 표현대로라면 "그냥 일어났다 사라졌다." 더 이상 아무 의미가 없었다. 그녀는 여러 해 동안 목사에게 무엇을 말해야 할지 걱정했는데, 이제 지금, 정말 필요한 이때 종교적 믿음이 사라진 것에 대해 분노했다.

호스피스 상담사는 루스에게 티쉬가 방문해도 되는지 묻자 좋다고 했다. 다음날 아침 루스의 집을 방문한 티쉬는 에너지가 넘치는 루스의 모습에 놀랐다. 루스는 고통이 적지만 마지막 순간에 급격히 쇠약해지는 종류의 암에 걸렸다고 말했다. 최근 의사가 급격히 증세가 악화되기 시작되었음을 언급했다고 한다.

대화 초반 티쉬는 자신이 호스피스 환자 돌봄 팀의 일원이며, 특별히 영적 돌봄에 관심이 있고, 다양한 종교 신앙인의 돌봄을 위해 훈련받았다고 소개했다. 그녀는 루스에게 자신은 특정한 메시지를 준비해 온 것이 아니며, 혹시 신앙적 문제에 관해 이야기하고 싶다면 기꺼이 들을 준비가 되어 있다고 말했다. 루스는 웃으며 "글쎄요. 모르겠어요. 제가 하려는 이야기를 듣는다면 끔찍하다고 느끼며 자리를 떠나고 싶은 마음이 들 겁니다"라고 말했다. 티쉬는 미소 지은 채 살짝 고개를 끄덕이며 대답했다. "염려 마세요. 떠나지 않을 겁니다. 무슨 일인데요?" 긴 침묵이 흘렀다. 크게 한숨을 내쉰 루스는 비로소 입을 열었다.

루스는 개신교 집안에서 자랐으며, 전통적인 주일학교에서 친절한 선생님들에게 신앙을 배웠다. 하나님을 사랑했고 성경 이야기를 믿었다. 그녀의 가족이 가난했고 우울증에 시달렸지만 잘 견디며 나아갔고, 그 상황에서도 비교적 행복한 삶을 보냈다. 교육을 가장 높은 가치로 삼았던 부모의 헌신적인 뒷바라지를 통해 자녀 모두 대학에 갈 수 있었다. 루스의 전공은 문학이었다. 대학 내내 좋은 책을 많이 읽었고, 새로운 아이디어에 관심이 많았다.

그녀는 신앙생활도 지속하였고, 동네 감리교회에 정기적으로 출석하였다. 자녀들이 어릴 때는 주일학교 교사로 봉사했으며, 종종 교회와 관련된 봉사활동에 참여하기도 했다. 담임목사를 비교적 잘 알고 있으며, 장례식도 그에게 맡기려고 계획했었다.

하지만 신앙이 갑자기 증발해버렸고 혼란스러웠다. 하나님에 대한 신앙 없이 어떻게 죽을 수 있단 말인가? 결국 천국이 없다는 것인가? 심지어 기독교식 장례를 치러야 하는지 확신이 서지 않았다. 그녀가 아는 모든 사람에게 화가 났다. 모든 말을 마치고 난 후 "저는 죽음이 두려워요"라며 손으로 얼굴을 가린 채 그녀는 침묵했다.

잠시 후, 티쉬는 신앙에 대한 회의가 처음 들었던 때가 언제인지 물었다. 루스는 불교의 영성에 관한 책을 읽을 때, 특히 한 "불교 선승"에 대해 묘사한 가르침을 읽고 나서였다고 했다. "갑자기 세상의 어떤 틀로도 하나님을 붙잡을 수 없다는 생각이 들었어요. 우리가 알 수 있는 것은 오직 '존재' 그뿐이에요. 그것도 우리가 '만들어 낸 존재' 말이에요." 루스는 흐느껴 울기 시작했다. "모든 것을 잃었어요. 이제 어떻게 해야 하지요? 제 말 대로 더 이상 저랑 얘기하고 싶지도 않지요?"

티쉬는 잠시 루스의 손을 잡아주었다. 그 다음 이야기를 시작했다.

"루스, 여전히 당신과 이야기하기 원해요. 매우 힘들다는 거 알아요. 우리 함께 천천히 풀어가도록 해요. 어쩌면 생각보다 그리 나쁘지 않을 수 있어요. 위기는 새로운 성장을 알리는 신호라는 것이 신앙의 본질이니까요."

루스의 말을 들으면서, 티쉬는 어쩌면 이 시기가 신앙이 성장할 기회가 될 수 있다고 생각했다. 그녀 말처럼 두려움으로 완전히 신앙을 잃는 것이 아니라, 오히려 하나님과의 관계가 변화될 가능성이 높고, 삶과 죽음에 대한 영적 관점이 확장될 기회라고 그녀에게 말해 주었다.

둘의 대화가 이어지면서 루스는 눈에 띄게 긴장감이 풀리고 편안해졌다. 루스가 말했다. "하나님 존재에 관한 새로운 생각이 제 안에 머물도록 해야 할 것 같아요." 티쉬는 동의했고, 대화를 마치며 삼일 뒤 다시 만날 것을 약속했다.

며칠 후 티쉬가 그녀의 집에 도착했을 때, 벨이 울리자마자 루스가 문을 열어 주며 거실로 안내했다. 아직 자리에 앉기도 전에 그녀는 "뭔가 일어났어요! 꿈을 꾸었는데, 세 번이나 같은 꿈을 꾸었어요!"라고 말했다. "어떤 꿈인지 제게 이야기해 주세요."라고 하자 다음과 같이 설명하기 시작했다.

매일 밤 잠자리에 들 때마다 같은 꿈을 꾸었어요. 섬뜩한 푸른빛을 띠는 거대하고 짙은 바위가 몇 개 보였어요. 그들은 큰소리로 울부짖었어요. 저의 모든 관심은 바로 그곳에 집중되었어요. 무섭고, 아니, 경이롭고, 아니, 실제로 무섭긴 했어요. 그런 뒤에 깨어났어요. 바위 이미지는 사라졌어요. 하지만 다시 눈을 감으면 그 모습이 돌아왔어요. 다시 잠을

청하는 데 어려움은 없었어요. 이러한 꿈이 삼일 연속 일어났어요.

티쉬는 그 '소리'에 대해 말하고 싶은 것들이 더 있는지 물었다. "매우 크게 충돌하는 것 같은 소리였어요. 마치 산 전체가 이동하는 듯했습니다. 제가 다칠 거라는 두려움은 없었어요. 그 소음이 모든 공간을 채웠고 저를 사로잡았어요."

티쉬는 "색상에 대해서 묘사할 수 있겠어요? 어떻게 그것이 이동했는지 말해 줄래요?"라고 물었다. "푸른색은 아주 짙어 거의 보라색에 가깝고, 금속 재질처럼 느껴졌어요. 아주 짙은 푸른색이요. 파란색 중 가장 파란색이요. 오로라처럼 춤을 추는 것 같은 진동이 있었어요. 바위들은 굉장했어요. 제가 이렇게 간단하게 말하지만, 실제로는 정말 믿기 힘든 엄청난 경험이었어요."

"그 경험이 어떤 의미가 있다고 생각하세요? 꿈을 떠올릴 때 드는 생각이나 느낌은요?"

"드럼 비트처럼 소리가 커서 심장박동이라 생각할 정도예요. 어떤 의미든 간에 그것은 바로 그 '존재'예요. 바위나 소리 그 자체가 아니에요. 그 존재는 도처에 있었어요. 저는 그저 그 존재에 넋을 잃었어요."

"존재요?"

"네. 존재는 제 마음과 영혼을 가득 채웠어요. 제 속에 젖어 드는 느낌이었고, 그러고는 곧 희미해져 갔어요. 또 다른 것이 있어요. 두 번째 밤에 제 딸 줄리에게 전화해서 꿈에 나온 바위에 관해 이야기했어요. 다음날 아침 딸에게서 전화가 왔어요. 자신도 바위에 관한 꿈을 꾸었다는 거예요. 딸의 꿈에서 바위는 회색이었고, 소리가 나지는 않았답니다. 너무 놀랍지 않아요? 이 꿈을 공유하고 있는 저희 둘을 상상해 보세요! 딸과 더욱 가까워진 느낌이에요."

그녀의 암이 마지막을 고할 때까지 티쉬는 며칠에 한 번씩 루스의 집을 방문했다. 지속되는 고통에도 불구하고, 루스는 영적 존재로서 하나님을 향한 변화된 인식으로 인해 편안함을 느꼈고, 광대한 공간 속 하나님의 위대한 자유에 흠뻑 빠져 있었다.

루스가 말했다. "하나님은 하나님이다. 그게 전부예요. 그 사실 외에 더 알아야 할 것은 없는 것 같아요." 루스는 다니던 교회 목사를 초청했고, 새로운 영적 통찰에 대해 이야기했다. 목사는 그녀를 지지하였고, 함께 그녀 장례식을 위한 계획도 세웠다.

루스가 죽기 바로 전날 방문했을 때, 티쉬는 작별 인사를 나눠야 할 때라는 것을 직감할 수 있었다. 루스는 몹시 약해져 있었고, 가까스로 말할 수 있는 상태였다. 말하는 순간마다 티쉬는 면봉을 이용해 차가운 물로 그녀 입술을 부드럽게 적셔주었다. "티쉬." 희미한 목소리로 속삭이는 그녀의 얼굴에는 미소가 흘렀다. "어젯밤에도 그 바위 꿈을 또 꾸었어요."

그 바위들이 디딤돌처럼 평평해졌고, 부드러운 바람처럼 달콤하게 노래하면서, 마치 길을 만들기 위해 움직이는 것 같았어요. 조금 떨어진 곳에는 부드럽고 매력적인 황금빛이 보였어요. 저를 부르는 그 존재였지요.

그녀는 말을 멈추고 티쉬의 눈을 바라보았다. "그 빛이 지금 저를 부르고 있어요. 얼른 따라가고 싶어요. 커튼이나 벽도 그 빛을 가릴 수 없어요. 지금 여기 우리와 함께 있어요. 그 빛이 바로 당신 뒤에 있어요."

　루스의 마지막 꿈과 환상은 궁극적으로 어디에서 왔든지, 죽어 가는 과정에 강력하고 긍정적인 영향을 준 것임이 틀림없다. 그녀의 "소망들"은 적어도 전통적 방식으로 성취되지는 않았다. 뭔가 조금 다른 점이 있다. 그녀가 받아들인 것은 그녀를 향한 초월적 에너지의 놀라운 계시였다. 그녀의 꿈은 죽음의 가혹한 현실에 대항하여 자신을 방어하기보다 자연의 필연성과 심오한 영적 변화를 기꺼이 받아들이며, 그녀를 죽음으로 나아갈 수 있도록 이끌어주었다.

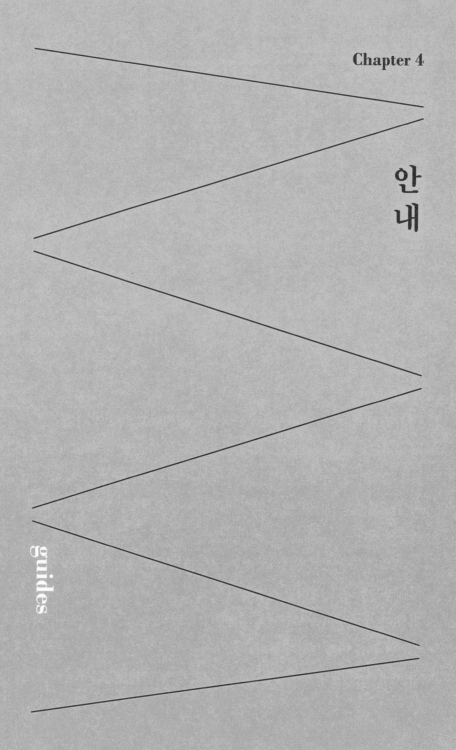

Chapter 4

안
내

guides

빛guides

루스의 꿈 여정은 그 자체로 안내 효과를 지니고 있다. 빛나는 푸른색 바위들은 그녀를 앞으로 안내하는 길이 되어 황금빛 "존재"에 이르도록 이끌어준다. 마침내 삶의 마지막 순간에 이르자, 루스는 그 빛이 도처에 존재하고 있으며, 바로 자기 방에서 자신을 부르고 있다는 사실을 깨닫게 된다.

이렇게 빛을 신적 안내자로 보는 것은 존 샌포드 아버지의 꿈에도 동일하게 나타난다. 정지된 벽난로 시계 뒤 창문으로부터 밝은 빛이 비춰면서 이 세상과 다른 어딘가로 그를 이끄는 "찬란한 길"이 드러난다. 또수잔의 꿈은 비록 영원히 불타고 있는 우주적 광채가 아니라 작은 촛불이 꺼진 뒤에 다시 불이 붙는 비교적 겸손한 형태이긴 해도, 죽음을 초월하는 빛과 영적 안내 사이를 연결하는 강력한 은유를 보여주고 있다.

죽음예지 꿈에서 빈번하게 등장하는 주제인 빛은 근사체험에서 널리 관찰되는 터널이나 통로 끝 선명한 빛의 인식과 일치되는 동일한 현상이다. 이에 대한 설명은 근사체험 관련 연구에서 다양하게 제시되었다. 일부 연구가들은 산소 부족, 뇌 변연계의 신경 장애, 정신 활성 약물의 부작용 같은 자연적 원인을 지적하는 반면, 다른 학자들은 빛 환상이 근사체험에 공통적으로 나타나는 핵심 요소이며, 모든 인간을 위한 죽음의 전형적인 실제를 드러낸다고 말한다.

우리의 경험에 비추어 볼 때, 죽음예지 꿈 연구에서 빛은 빈번하게 등장하는 요소이다. 물론 누구에게나 보편적으로 나타나는 것은 아니다. 단순히 뇌의 환각적 기능장애에서 비롯된 것도 아니다. 우리는 그보다 더 많은 일이 꿈속에서 일어나고 있다고 믿는다. 그렇다고 이러한 꿈이 죽음 너머 세계에서 일어나는 일에 관한 객관적인 통찰을 드러낸다고 주장하는 것은 아니다. 삶에서 죽음으로 나아가는 과정이 어떠한지를 보여주는 창조적인 비전으로 또한 강력한 은유적 표현으로 본다.

세계 종교의 대부분, 특히 아브라함 전통의 유대교, 기독교, 이슬람교에서는 빛을 하나님의 본질과 깊이 연관시킨다. 이러한 전통에서 태어나고 자란 사람들은 문화적으로 자연스럽게 빛과 관련된 방식으로 신적 존재를 마음에 품게 된다. 조금 다르게 말하면, 빛을 신성한 안내자로 여기는 종교적 은유는 이러한 문화권에 속한 사람들의 꿈 상상력에 중대한 영향을 미치며, 죽음을 더 잘 이해하기 위해 친숙한 기존의 언어를 제공한다.

놀랍게도 이것은 종교와 과학이 어느 정도 합의를 찾은 지점이다.

살아있는 수많은 생명체는 태양을 향해 자라는 경향인 굴광성을 보여준다. 어떤 종의 동물은 해가 뜨고 지는 것에 반응하여 노래하고, 소리치고, 움직이는 일종의 "태양 의식"을 수행하는 것으로 관찰되었다.[38]

지구상의 거의 모든 생물학적 유기체의 생존은 어떤 식으로든 태양 에너지를 흡수한 물질의 소모에 달려 있다. 정교하게 진화된 시각 체계를 가진 인간은 빛의 미묘한 패턴과 변화를 통해 정보를 처리할 수 있는 엄청난 능력을 지니고 있다. 만일 일부 신경과학자들의 주장처럼 시각적 인식이 인간 의식을 고양하는 중심적인 특성이라면, 우리는 진심으로 빛이 자아의 근원적인 감각이라고 말할 수 있다.

이 모든 과학적인 증거는 태양의 찬란한 빛이 인간의 생물학적 발전에 지대한 영향을 미쳤음을 암시하며, 빛과 생명의 궁극적인 자원 사이에 은유적인 연결점을 만드는 것을 자연스럽게 한다. 과학적인 관점에서 신성한 빛을 존중하는 종교 전통은 생물학적 존재의 근원적인 상태를 일깨우는 것이다. 종교적인 관점에서 식물과 동물의 굴광성 현상은 하나님과의 친교를 원하는 근원적인 영적 갈망으로 볼 수 있다. 둘 중 어느 방식으로 보든지 빛을 신적 안내의 은유로 보는 것은, 우리의 정체성 혹은 존재성에 깊이 뿌리내리고 있다.

---

38) Wulff 1997, pp. 147-150.

여정의 동반자

빛이 죽음예지 꿈의 유일한 안내자는 아니다. 이번 장에서는 때로 빛과 연결되어 나타나며, 때로는 독립적으로 나타나기도 하는 죽음예지 꿈의 다른 안내자들을 기술하려고 한다. 우리는 이미 소크라테스 꿈에 나타난 화려하고 아름다운 여성과 스콧의 꿈에 나타난 고등학교 동창 라이언 등 몇몇 인상적인 안내자의 모습에 관해 이야기 나누었다.

이 두 가지 꿈에서 빛의 역할은 실로 과소평가될 수 없다. 흰 드레스를 입은 여인은 빛과 순결을 암시하며, 라이언의 빨간색 자동차는 에너지와 활력을 반영하는 생생한 실재이다. 하지만 이 안내자들의 능력은 단지 시각적 조명에 있는 것이 아니라 언어, 몸짓, 꿈꾸는 사람과의 개인적 상호작용 등을 포함한다.

죽음예지 꿈에 등장하는 안내자의 모습을 더 잘 이해하는 것은 죽어 가는 사람들을 돌보는 데 매우 중요한 요소이다. 이러한 존재와의 만남은 죽어 가는 이의 정서적 상태와 영적 준비에 직접적인 통로를 열어주기 때문이다. 꿈속의 만남을 "가상적"이라고 할 수도 있겠지만, 그들이 자극하는 감정은 충분히 실재적이며, 실제 돌봄과 관련된 사람들이 이를 진지하게 받아들임으로써 유익을 얻을 수 있다.

가족의 방문

숙모 조(Jo)는 병원에서 죽음을 맞이하고 있다. 가족에 의하면, 그녀는 103년이라는 "경이로운 생애"를 살았다. 또한 그녀는 가족에게 언제나 "죽을 준비가 되어 있다"라고 수차례 말해 왔다. 조카 리처드는 그녀가 잠든 모습을 지켜보며 침대 곁을 지키고 있었다.

그녀는 천천히 눈을 뜨면서 리처드가 있는 것을 보고 깜짝 놀랐으며, 곧 수심으로 가득 찼다. "리처드, 넌 여기 있어서는 안 돼. 안된다고." 그녀가 작은 소리로 말했다. 리처드는 자신을 염려하는 것을 느끼고, 곁으로 다가가서 "저 여기 있어요. 숙모 바로 옆에 있어요. 뭐가 걱정되시나요?"라고 했다. "월과 찰리 할아버지, 케이트 숙모, 프란시스 숙모가 모두 여기에 있어. 나를 데리러 온 거야. 하지만 너는 아직 아니야. 왜 네가 여기 우리와 함께 있는 거야?" 리처드가 말했다. "숙모, 저예요. 여기에 저밖에 없어요." 그는 숙모의 손을 잡아주면서 친절하게 말했다. "괜찮아요. 아무 염려 마세요."

숙모의 장례식을 치르고 난 일주일 후, 리처드는 그녀가 했던 말을 다른 가족에게 이야기해 주었다. 그들은 그 말이 어떤 의미인지 의아해했다. 마지막 며칠 동안 현실과 환상을 구분할 수 있는 능력을 상실한 것일까? 아니면 정말로 그녀를 안내하기 위해서 찾아온 죽은 친지의 영을 본 것일까?

이는 우리가 확실히 대답할 수 없는 질문이다. 다만 이러한 꿈과 비전에서 일어나는 것, 그들의 이미지, 인물, 신체적 감각, 느낌의 특성 등에 관한 이해를 더 발전시킬 수는 있을 것이다. 또한 꿈꾸는 사람이 죽어 가는 과정 중에 두려움을 해소하고 희망을 품게 되는 긍정적인 영향에 대해 생각해 볼 수 있다.

조의 깨어 있는 꿈은 이에 대한 간단한 설명을 제공한다. 그녀는 마치 혼란과 혼동의 환상인 것처럼 어느 누구도 보지 못한다. 더구나 자신의 생애 초기에 가깝게 지냈던 (지금은 죽은) 가족을 보고 있다. 앞서 1장에서 논의했던 것처럼 방문 꿈은 때로 가깝게 지내던 죽은 사람들이 실제인 것처럼 선명하게 나타나며, 앞으로의 여정을 안내하는 인물로 죽어 가는 사람들의 꿈에 등장하여 자주 나타나기도 한다.

꿈꾸는 사람의 관점에서 이러한 인물들은 삶에서 신뢰할 만한 위치에 있었으며, 죽음으로 향하는 여정과 관련된 직접적인 경험을 가지고 있다. 정서적으로 죽음예지 꿈의 긍정적인 영향은 숙모 조가 조카를 보고 놀란 반응에서 명백해진다. 그녀를 낯설고 곤혹스럽게 한 것은 죽은 가족 구성원의 출현이 아니라, 자신의 방에 살아있는 사람이 있다는 것이다. 그 "영들"은 그녀를 위로하고 환대하며, 조 또한 그들의 초청을 받아들이고 있다. 하지만 리처드는 아직 갈 때가 되지 않았다. 조는 순간적으로 조카의 안녕을 걱정하였다. 그녀 자신은 고요히 죽음을 맞이할 준비 외에 아무것도 느끼지 않고 있었다.

꿈과 현실의 경계가 흐려지는 것이 반드시 정신적 악화의 징후는 아니다. 사실 이는 방문 꿈과 같이 강렬하고 기억에 남는 꿈 유형의 일반적 특성이다. 만일 돌봄자가 죽어 가는 사람의 말을 주의 깊게 경청하지 않는다면, 그들은 죽음예지 통찰과 계시의 생생한 표현을 놓치게 될 가능성이 높다. 이는 특별히 죽어 가는 사람의 삶에 대해 잘 모르고, 바쁘게 업무를 수행해야 하는 병원이나 다른 의료 기관에서 더욱 그렇다. 치매로 보일 만큼 혼란스럽고 불규칙한 행동이 때로는 강렬한 영적 경험을 표현하기 위한 용기 있는 시도로 판명될 수 있다. 그들의 존재 상태가 "실제"이든 "환상"이든 죽어 가는 사람에게 심오한 의미를 지니며, 심지어 가족과 친구에게 위안을 줄 수도 있다.

말지의 두 번째 꿈 ●

신뢰하는 안내자의 돌봄 없이 죽음의 여정이 진행되는 많은 사람에게 어려운 일이다. 앞 장에 나온 말지의 "운전자 없는 차" 꿈을 상기해보자. 그것은 목적지 없는 여행으로서 죽음에 대한 냉담한 환상일 뿐 아니라, 어떤 안내자나 동반자 없이 아무도 없는 운전석 뒤에 홀로 있는 두려운 모습을 그리고 있다.

이 꿈은 말지를 몹시 화나게 했다. 이는 그녀가 임박한 죽음을 예감하면서 느끼는 모든 감정적 혼란과 불안이 전적으로 드러난 것이다. 어쨌든 다음날 아침, 딸 안젤라가 보러 왔을 때 말지는 상쾌한 기분으로 조용히 깨어 있었다. 그리고 딸에게 또 다른 꿈에 관해 이야기하였다.

나는 홀로 댄스홀에서 나와 집으로 걸어갔다. 아무도 춤을 추자고 요청하지 않아 외롭고, 낙심되고, 슬프기만 했다. 집에 가까이 왔을 무렵, 아버지가 나타나 넓게 팔을 벌려 멋진 사랑의 포옹을 해주었다. 우리는 팔짱을 끼고 집으로 걸어갔다.

말지는 그 꿈에 "일종의 위안"을 얻었고, 안젤라는 엄마가 더 이상 임박한 죽음 앞에 두려워하지 않는다는 사실에 놀랐다. 그녀는 "제 생각에 이제 죽을 준비가 된 것 같아요"라고 말했다. 며칠 후 그녀는 두려움 없이 평안하게 세상을 떠났다.

죽은 아버지의 등장은 거부와 고립으로 시작된 또 다른 꿈을 영적으로 안심할 수 있는 깊은 체험으로 바꾸어 놓았다. 그 꿈에서 말지는 자신과 함께 춤을 출 사람을 찾지 못했다. 은유적으로 말하자면, 죽음 여정에 함께할 영적 동반자를 찾을 수 없었다. 마치 그녀의 첫 번째 꿈에서 아이들이 들판에서 뛰놀고 있는 것을 인식했던 것처럼, 다른 사람들이 춤추고 있는 것을 인지하였다.

말지는 주변의 생동감을 감지하고, 미약하나마 여전히 젊음의 에너지와 연결을 느끼지만, 죽음이 그 에너지를 영원히 끊어버린다는 사실에 두려움을 느낀다. 그때 아버지가 등장한다. 그리고 모든 것이 변한다. 환대하는 포옹(많은 사람이 믿기지 않을 만큼 현실적이라고 말하는 꿈에서의 신체 접촉)이 모든 두려움을 말끔히 씻어준다. 그녀는 이미 아버지가 있는 안락하고 친근한 가족의 집을 향해 가고 있다. 마치 어린아이처럼 연약하고 다치기 쉬운 감정을 느끼고 있지만, 이제 아버지가 함께 있다. 아버지는 그녀가 그토록 그리던 따스한 돌봄과 보호를 제공한다.

말지의 경우처럼 미국 중서부 개신교 전통에서 자란 여성은 기독교 신앙의 관점에서 자신의 집을 향해 걷고 있는 "아버지"의 이미지를 하나님 아버지로, "집"을 안전, 수용, 사랑의 장소인 천국으로 느끼고 이해할 것이다. 죽음으로 인해 젊음의 활력이 넘치는 아이들과 춤추는 사람들에게서 확고히 멀어지면서 궁극적 결별을 당하지만, 말지는 아버지의 안내 덕분에 앞길을 향한 일종의 새로운 영적 유년기에 합류하고 있는 자신을 발견한다. 이 꿈의 느낌과 통찰은 분명 말지의 현실에 강력한 영향을 주었다. 그녀는 아버지(하나님)의 사랑과 수용을 받고 집으로 돌아가는 환상에 위안을 얻었고, 죽음에 대한 태도가 두려움과 혼란에서 평안과 안정으로 바뀌게 되었다.

종교 체험으로서 죽음예지 꿈

여기서 잠시 멈추어 지금까지 이야기해 왔던 말지와 다른 사람들 꿈의 주요한 특성에 대해 성찰해 보는 것은 가치 있는 일이다. 이러한 꿈은 선명하게 기억될 만한 이미지, 강한 감정적 지각, 특별한 인물이나 실재에 연결된 감각과 결합되어 있다. 세계 여러 종교의 신비 전통에서 찾아볼 수 있는 변혁적 능력을 지닌 꿈은 거의 모든 조건에 비추어 볼 때 종교적 경험으로 이해될 수 있다.

윌리엄 제임스(William James)는 저서 『종교 체험의 다양성』에서 이러한 인간 개인의 한계를 넘어서는 관계적 경험을 신비 체험의 핵심적 모습이라고 강조한다.

> 인간 자아의 더 높은 부분은 같은 차원 이상의 무언가와 연속되고 연결되어 있다는 것을 점차 인식하게 되는데, 이것은 자신의 우주 밖에서 작동하고, 지속적 관계를 유지하고, 모든 하위 존재가 난파될 때 그를 구조한다.[39]

---

39) James 1958, p. 384.

이는 지금까지 묘사한 꿈의 경험적 특성과 정확히 일치한다. 제임스는 종교적 경험이 이상하거나, 비정상적이거나, 병리적인 것으로 무시될 수 없음을 보여준다. 그는 이러한 "의학적 물질주의자"들의 견해를 거부한다. 대신 심리학적 관점에서, 그러한 경험은 인간 정신 속 잠재의식의 특별한 작용이 반영된 것이라고 주장한다. 평범한 일상의 의식은 많은 각성 상태 가운데 하나에 불과하다고도 말한다. 또한 종교 체험을 경험한 사람의 의식은 평상시와는 다르지만, 그렇다고 해서 보다 더 차원이 낮아진 것은 아니며 그저 다른 형태라고 말한다.

1901년에 제임스가 주장한 것은 그 이후 인간의 뇌-정신 시스템의 무의식 영역에 관한 심리학 연구를 통해 충분히 확인되었다. 이제 우리는 방대한 양의 심리적 기능이 평범한 의식 밖에서 진행된다는 것을 알고 있으며 꿈, 명상, 기도, 심상화 같은 "종교적" 현상은 새로운 방식의 지식과 색다른 자기인식의 경험을 생성하며, 뇌의 극적인 재구성이 수반된다는 것도 알고 있다. 이런 종류의 경험을 가진 사람은 대부분 이해가 잘되지 않는다는 이유로, 뇌-정신 균형을 크게 전환하여 평상시 무의식 상태를 의식으로 가져오는 건강하고 기능적인 개인이라는 것이 분명하다.

이와 더불어 제임스는 잠재의식의 심리학적 개념은 현재 자아 인식 상태와 가까운 "이쪽 편에서" 일어나는 종교 체험만을 설명한다고 말했다. 신적 혹은 초월적 실재라는 먼 영역, "저쪽 편에서" 일어나고 있는 것은 과학적 증명보다 형이상학적 논쟁의 문제이다. 과학적 유물론자들이 그러한 초인적 실재가 없다고 말할 때, 그들은 제임스가 "과도한 신념"이라고 부르는, 하나님의 존재에 대한 신학자의 주장과 거의 같은 수

준에서 형이상학적 신념을 진술하는 것이다. 이는 둘 다 궁극의 비전이며, 존재의 근원적 본질을 개념화하기 위한 노력이며, 따라서 인간이 된다는 것이 무엇을 의미하는지 이해하려는 시도이다.

제임스는 이러한 비전을 테스트하기 위한 가장 좋은 방법은 삶에 미치는 실제적이고 확실한 영향을 관찰하면서, 그것들의 열매를 평가하는 것이라고 말했다. 이러한 관점에서 보면 죽음예지 꿈은 종교 경험의 가장 높은 곳에 위치될 가치가 있다. 죽음예지 꿈이 사람들에게 주는 정서적인 영향은 종종 긍정적이고 (역설적이게도) 삶을 확신시켜 주기 때문이다. 여행과 영적 안내자라는 인상적인 모습을 겸비한 이러한 변혁적 힘은 죽음예지 꿈을 전 세계의 많은 종교 전통에서 발견되는 신비한 현상과 관련이 있는 정당한 종교 체험의 한 형태로 만든다.

죽음예지 꿈의 신비한 차원을 인식하는 것이 반드시 그들을 영화롭게 하거나, 그런 꿈을 꾸지 못한 사람들보다 "영적으로 더 낫게" 만드는 것은 아니다. 누구에게나 옳고 바른 죽음의 방법이란 없다. 모든 사람의 여정은 특정한 삶의 맥락에 따라 독특하고 진실하다. 우리가 강조하고 싶은 것은 죽음예지 꿈이 죽어 가는 사람의 상상력을 자연스럽고 건강하게 표현하는 방식이며, 돌보는 사람들에게도 큰 관심을 끌 만한 소중한 가치가 있다는 사실이다.

대부분의 사람들이 인생의 마지막 날에 이르렀을 때, 삶의 궁극적 의미, 가치와 목적에 대한 질문을 생각하고 궁금해하기 시작한다는 것은 놀라운 일이 아니다. 질문에 대한 응답으로 찾아오는 꿈과 비전은 무시되거나 거부되어서는 안 되며, 존중되고 기꺼이 받아들여져야 한다. 죽음예지 꿈의 빈도에도 불구하고, 죽어 가는 사람의 의료를 책임지는 전문가들이 이를 언급하거나 인정하지 않는 것은 아마도 미국 사회에 만연한 "죽음 부정"의 한 징표일 것이다. 분명한 것은 이 책에서 우리가 목적하는 것 가운데 하나가 바로 이러한 태도를 변화시키는 데 있다.

어린 시절과 꿈속 자아

춤추는 장소에서 집으로 돌아와 아버지에게 수용되는 말지의 꿈은 죽음예지 꿈에서 또 다른 주제를 눈에 띄게 한다. 그것은 '어린아이의' 혹은 '어린 시절에'라는 널리 알려진 주제이다. 죽음에 대한 말지의 처음 감정은 포기와 고립 및 위협에 대해 걱정하는 어린아이의 보편적인 두려움과 불안을 반영한다. 두 번째 꿈은 부모에 의해 안심하는 아이의 위치에 그녀를 서게 한다.

이 이미지는 새로운 영적 성장이 어린아이 같은 개방성, 신뢰, 단순성의 회복과 촉진에 의존하는 많은 종교적 전통(특히 기독교와 불교)의 가르침을 반영한다. 프로이트가 "퇴행"이라고 명한 것이 실제로 신앙 발전 측면에서 보면 오히려 앞으로 나아가는 움직임일 수 있다. 이런 식으로 어린아이는 죽어 가는 사람을 위한 강력한 안내자가 된다.

짐(Jim)은 힘과 특권을 누리는 삶을 살았다. 성공한 사업가이자 지역사회 지도자였다. 그런데 인생의 가장 중요한 때라고 생각하는 52세에 갑작스런 퇴행성 질병에 걸려 살날이 얼마 남지 않게 되었다. 그는 이 끔찍한 타격을 다뤄야 할 운명에 화가 났고, 삶에서 아무것도 통제할 수 없다는 사실에 견딜 수 없었다. 그는 불안했고, 거의 매일 동요된 마음이었다. 아내 헬렌(Helen)은 곁에서 그가 편안함을 유지하도록 돕고 분노하는 것을 진정시키려고 노력했다.

호스피스의 추천을 통해, 헬렌은 티쉬에게 전화해 방문을 요청했다. 그녀는 짐이 꿈을 꾸었다고 말하면서, 그 꿈을 이해하도록 도움을 줄 수 있는지 궁금해했다. 티쉬가 도착했을 때, 짐은 창백해 보였고 겨우 말을 할 수 있을 정도였다. 천천히, 부드럽게, 주저하는 목소리로 꿈에 대해 말을 꺼냈다.

유년기에 살던 태평양 북서부 작은 도시의 학교 운동장에 서 있는 어린 소년이 있었다. 일부 어린이들은 마치 스퀘어 댄스(square dance)를 추는 매스게임 같은 것을 하고 있었다. 서로를 향해 가까워졌다 멀어지는 춤을 추는 가운데, 짐은 마치 색색의 리본이 패턴을 만드는 것처럼 서로 연결된 여러 선의 이미지를 볼 수 있었다. 그게 전부였다.

티쉬는 잠시 기다렸다. 짐이 꿈에 대한 어떤 생각이 있음을 직감할 수 있었다. 그는 엷게 미소 지으며 "결국에는 어떤 계획이 있지요. 그렇지 않나요? 저는 그것을 믿지 않습니다. 하지만 제 믿음과는 상관없이 항상 있지요"라고 말했다. "그 패턴에 대해 말씀해 주실래요?" 짐은 잠시 아무 말도 하지 않았다. 그리고 말을 이었다. "어쨌든 우리 모두는 서로에게 속해 있습니다. 그밖에 나머지 부분, 우리를 둘러싼 물리적인 것들과 물건들은 사실 그 어떤 것도 중요하지 않습니다."

그는 마치 그의 세계에서 중요하지 않은 모든 것을 빗겨내 버리듯, 방 이곳저곳을 향해 손을 저었다. 또 말을 멈추었다가 단 한마디를 하였다. "상상해 보세요." 그는 침대 위 베개에 머리를 대고 눈을 감았다. 그 얼굴에는 여전히 미소가 남아 있었다.

짐은 자신의 꿈을 새로운 차원에서 인생의 의미를 여는 것으로 해석한 것이 분명해 보였다. 암은 그가 세상에서 추구해 왔던 의미에 대한 확신을 파괴하였다. 일과 지도자라는 자랑스러운 지위가 사라지면서, 자존심이 산산조각났으며 분노에 사로잡혀 있었다. 삶은 불공평하고 부당하며 자비가 없어 보였다. 하지만 이제 꿈을 통해 그는 삶과 죽음에 대한 새로운 이해를 얻게 되었다.

질병으로 어린아이같이 무력하고 연약한 상태에 빠진 짐은 (말지처럼) 어린 시절로 돌아가는 꿈을 통해, 우리 모두를 포용하는 관계망에 대한 극적으로 새롭고 감정적으로 변혁적인 통찰을 발견한다. 어린 시절의 자아는 성공한 사업가라는 그의 가면(페르소나)이 상상할 수 없던 것을 기억할 수 있도록 52세의 자아를 이끌었다.

짐은 리본의 패턴이 어떤 모습인지 자세히 설명하지 않았다. 그에게 중요한 것은, 삶의 의미가 실제로 존재하고 개인적인 죽음이 자신을 죽일 수 없다는 사실이며, 그 패턴과의 궁극적인 연결을 잃어버릴까 더 이상 염려할 필요가 없다는 것이다.

심리학자, 철학자, 종교학자들은 인간의 삶에 동기를 부여하는 주요 요소는 의미를 만드는 것이라고 지적한다. 짐의 경험은 우리가 의미 있는 세상에 살고 있다는 지각을 통해 새로운 발전을 만들어 내는 죽음예지 꿈의 능력을 반영하고 있으며, 이는 꿈과 세계 종교 전통 사이에 중요한 또 다른 상호 관계를 확인해 준다. 휴스턴 스미스(Huston Smith)는 이러한 차원에서 종교와 영성에 대한 설득력 있는 글을 썼으며, 모든 인간의 사고, 믿음, 경험이 제한된 범위의 감각과 내재된 편견에 의해 불가피하게 형성되었다는 임마누엘 칸트(Immanuel Kant)의 철학적 전제를 확인한다.

우리는 결코 현실을 "있는 그대로" 알지 못하며, 현실에 대해 창의적으로 부여한 간접적 현실만을 알 수 있다. 스미스는 이러한 인간의 한계를 뛰어넘는 의미가 세상에 존재하는지의 여부는 큰 의문이라고 말한다. 이것이 바로 세계의 종교 전통들이 항상 추구해 온 것이다.

> 인간의 정신을 패턴(pattern-making instrument)으로 여기는 칸트의 차원에서 바른 길에 서 있다는 확신으로 다가왔다가 문제의 범위가 희망, 노력, 신뢰, 그리고 궁극적으로 신비라고 이끌게 되는 예처럼, 우리는 인간의 정신이 삶의 경험을 의미 있게 만들려는 성향이 있다고 가정한다. 의미가 경험을 주지는 않지만 경험으로부터 의미를 얻는다. 그러므로 인간이 삶에서 강하게 느끼는 의미는 사실이라고 강요된 것도 아니고, 주관적으로 상상한 것도 아니다.[40]

이러한 관점에서 짐의 경험, 그의 꿈 해석은 정신(mind)의 작용과 마찬가지로, 영(spirit)의 세계 인식을 통해 어떻게 의미 있는 실재를 창조하는 패턴이 되는지에 관한 예로 볼 수 있다. 비록 짐이 성인의 관점에서 신뢰할 만한 어떤 의미를 볼 수 없었을지라도, 그는 여전히 어린 시절 자아의 안내 덕분에 창조적 상상력의 원천으로 돌아갈 수 있는 길을 찾

---

40) Smith 1965, pp. 59-62.

을 수 있었다.

꿈의 직접적인 결과로 짐은 삶의 더 깊은 의미가 열정 넘치고 활기찬 관계 양식(pattern)에 있다는 것을 깨달았다. 아내와 가족은 죽음이 가까워질수록 두려움이 상당히 줄어들고 새로운 위안과 평화를 느끼는 짐의 모습을 발견하고 놀라면서 안심하게 되었다.

꿈속에 나타난 어른들

죽음예지 꿈에서 가장 자주 나타나는 안내자는 생의 다른 끝에 서 있는 사랑하는 어른이다. 교사, 치료사, 영적 지도자, 조부모는 꿈에서 두드러진 인물이다. 그들이 살아있을 때도 그렇지만 죽은 후의 영향은 더욱 강력하다. 앞서 언급했던 것처럼, 조부모는 방문 꿈에 자주 나타나며, 그러한 꿈은 죽어 가는 사람의 급박한 현실에 대한 초기 예측으로 볼 수 있다.

스물두 살 히로시(Hiroshi)가 폐암 진단을 받았을 때 남은 날은 불과 몇 달밖에 되지 않았다. 티쉬가 처음 연락했을 때 그는 두렵고 혼란스러워했으며 간절히 도움을 바랐다. 근처에 사는 누나가 그를 주로 돌보고 있었다. 부모는 1960년대 일본에서 미국으로 이민 온 1세대였으며, 히로시와 누나는 일가친척 중에 일본에서 태어나지 않은 유일한 세대였다.

티쉬는 그들과 이야기 나누면서 보수적 성향의 기독교인이고, 교육을 잘 받았으며, 깔끔하지만 까다로운 성격이 아니라는 것을 알게 되었다. 히로시가 느끼는 주된 두려움은 서양 문화에 동화되어 기독교인이 되기로 선택한 것에서 기인한다고 했다. 그는 일부러 더 열성적이었다고 했다.

이 때문에 죽고 난 후 다음 세계에 들어가게 됐을 때, 일본 조상이 화를 낼 것이라고 말했다. 가족의 종교적 신념에 대한 자신의 반항을 생각하니 갑자기 겁에 질렸고, 이제 내세에서 행복한 삶의 기회를 망칠지도 모른다고 걱정했다. 그는 가족의 전통적 조상숭배를 저버렸으며, 그 대가를 치르게 될 것이라 생각했다. 누나와 티쉬, 그리고 다른 이들이 좋은 말을 해주었지만, 누구도 이생의 무례한 행동 때문에 내세에서 끔찍한 심판을 받지 않을 것이라고 이 젊은이를 설득할 수 없었다.

그런데 그가 죽기 일주일 전이었다. 그는 꿈을 꾸었는데 이상하리만큼 선명하고 자세하게 꿈을 묘사하면서 말했다. "마치 실제로 일어난 것 같은 느낌이에요!"

초인종이 울렸고, 제가 문을 열었어요. 문 앞에는 단정하게 차려입은 조부모님이 인사하고 미소 지으며 서 있었어요. 전통에 따라 신발을 벗고 방으로 들어오셨고, 제게 두 개의 매우 큰 분홍빛 난초 꽃다발을 내미셨어요. 저는 깊이 감사 인사를 했고, 그분들은 행복한 표정으로 미소지어 주었어요. 저는 꽃다발을 받았고, 그게 꿈의 마지막이었어요.

세대 간 화해는 히로시뿐 아니라 누나와 나머지 가족에게도 극적인 감정의 변화를 일으켰다. 히로시가 죽기 전 그 의미를 이해하였으며, 수년 전에 죽은 존경하는 조부모와의 영적 의사소통에 경외심과 놀라움을 표현했다. 그 꿈은 모두가 느꼈던 두려움, 후회, 소원, 희망을 표명하는 공유된 상징적 창작물이 되었다. 삶이 어떤 길을 걷는다 할지라도 여전히 가족에 의해 사랑과 감사를 받는다는 사실을 확신할 수 있었다. 티쉬는 그의 장례식에 초대받았다. 그녀가 도착했을 때, 묘지 예배당 앞 테이블에는 히로시의 사진 액자를 둘러싸고 있는 분홍색 난초 화병들이 있었다.

히로시의 꿈은 개인적인 차원뿐 아니라 전통문화의 고수와 그것을 지속적으로 동요시키는 현대화 사이에서 긴장과 갈등을 경험하는 다른 일가친척에게도 치유의 힘이 되었다. 실제로 이러한 종류의 갈등은 동시대의 모든 사회가 경험하는 일종의 풍토병이다. 우리는 점점 더 다양화된 문화, 정체성, 가치 체계의 격변에 시달리고 있다.

"세계화"는 단지 20세기 초반부터 가속화되고 있는 과정에 대한 최근 용어일 뿐이다. 우리는 역사상 그 어느 때보다 더 빠르고 강렬한 교통 및 통신 기술의 혁신을 경험하는 시대에 살고 있다. 전 세계에 걸쳐 의미를 만드는 전통적인 방식은 또 다른 방식들과 직면하고, 인간 본성에 대한 다른 견해들, 다른 영적 방향들, 힘과 활력에 대한 또 다른 갈망과의 불가피한 대립으로 인해 도전받고 있다.

이러한 갈등은 꿈에서 정기적으로 발생한다. 꿈 연구자에 따르면 꿈꾸는 자아는 언어, 은유, 사회적 양식, 정치적 계층구조, 법적 규칙, 종교의식 및 일상의 삶을 지배하는 도덕적 가르침에 깊이 물들어 있는 완전히 문화적인 존재이다. 확실히 꿈에서 우리는 부도덕한 행동을 하고, 성적인 금기를 깨뜨림으로서 문화적 경계를 자주 위반한다. 이것이 꿈을 항상 의심과 불신의 눈으로 보아왔던 또 다른 이유이다. 하지만 이러한 경우라 할지라도 꿈꾸는 자아는 정상적이고 적절한 것으로 간주되는 것을 향해 저항하는 행동을 하면서, 반대적인 입장에서 문화적 세계에 참여하고 있다.

실제로 전통적인 도덕 경계를 초월하는 것은 창의성을 위한 전제 조건이며, 불가능해 보이는 문제와 갈등의 해결책이 되기도 한다. 꿈의 창조적 힘은 안전하고 무해한 환경, 잠자는 가운데 가장 어렵고 혼란을 느끼는 문화적 세계를 탐험할 수 있는 자유로부터 파생된다. 등장하는 이미지와 느끼는 감정은 꿈꾸는 사람의 자아를 재조정하고, 중요한 진실을 명확하게 하고, 이전에 소외된 정체성의 요소를 통합하는 유익한 효과를 지닌다.

이것이 바로 히로시의 꿈에서 일어난 일이다. 그와 누나는 삶에서 조상의 문화와 종교적 전통을 배격했음에도 불구하고, 꿈은 겉으로 보기에 버려졌다고 생각했던 그 영적 공동체와 놀랍게 재연결되는 모습을 그리고 있다. 영원히 잃어버릴까 염려했던 것이 갑자기 발견되었고, 조부모의 환대와 안내 덕분에 살아있는 현실로 판명되었다.

그 꿈은 히로시가 서구 기독교 정체성을 거부하는 것으로 보일 수도 있다. 하지만 다른 모든 종교를 부정하고 신과 연결되는 다른 모든 방법을 거부하는 좁은 종교적 신앙 안에서만 그렇다. 사실 히로시와 누나는 다른 종교를 배타적으로 대하는 기독교의 태도를 비판하는 교단에 소속해 있었다. 그런데 히로시는 목회자의 메시지를 가족의 모든 전통적 가치와 신념을 끊어야 한다고 이해했기 때문에 불안감이 더했던 것이다.

그의 꿈은 자신의 과거, 현재, 미래 정체성의 모든 요소를 광범위하게 통합하는 비전을 제시함으로써 불안과 직접적으로 대면한다. 분홍색 난초 선물은 두렵게 양분된 그의 정체성을 이어주는 역할을 했으며, 그의 삶에 미친 기독교와 일본 불교의 영향력을 통합시켜 주었다. 가족은 현명하게도 그 꽃들을 그의 장례식과 연결시킴으로써 꿈에 등장한 창조적 비전의 마지막 선물을 기념하였다.

가족과 신앙

가족이나 친구들 사이에서 종교적 신념의 차이로 인한 갈등은 누군가가 말기 질환의 마지막 단계에 이를 때 종종 수면 위로 떠오르게 된다. 히로시의 조부모 방문 꿈은 이러한 갈등을 극복하도록 도와주었다. 티쉬와 켈리가 매우 가깝게 지냈던 또 다른 젊은이 트레이시(Tracy)는 죽음의 과정에서 유사한 어려움을 경험했다. 그녀에게 도움을 주고 싶은 마음에 가족 중 한 사람이 종교적인 조언을 해주었다. 하지만 이것이 트레이시에게 굉장한 감정적 고통을 안겨주었다. 그런 상황에 히로시와 마찬가지로 트레이시도 이미 세상을 떠난 가족과 친구들이 그들과 함께 하도록 손짓하는 놀라운 방문 꿈을 꾸었다.

트레이시가 백혈병을 진단받았을 때는 이제 겨우 스물다섯 살이었다. 검사와 치료, 입원 등 끔찍하고 힘든 시간을 보내는 동안, 다행히 티쉬는 몇 차례 의미 있는 방문을 할 수 있었다. 어느 날 밤, 두 사람은 오래된 가족 해변 별장에 함께 있었다. 트레이시는 자신이 받은 위로 카드와 편지들을 열어 보았다. 카드 가운데 하나가 그녀를 화나게 했고, 그 내용을 큰소리로 티쉬에게 읽어주었다. 그 편지는 가족 중 한 사람이 보낸 것이었는데, 열심히 기도하지 않아서 질병이 더 악화되었다는 내용이었다. "열심히 기도해라. 그러면 하나님께서 치료해 주실 것이다." 트레이시는 너무 화가 나서 울기 시작했다.

몇 주 후, 죽음이 가까워졌을 때 트레이시는 병실에 잠들어 있었고, 어머니는 방문자 의자에 앉아 쪽잠을 자고 있었다. 트레이시가 갑자기 일어서서 방 이곳저곳을 거닐기 시작했다. 어머니는 주사관과 링거병이 흔들리는 소리에 잠에서 깨었고, 딸을 살펴보기 위해 자리에서 서둘러 일어났다. 그때 완전히 깨어난 듯 큰소리로 말했다. "오! 제가 해변 별장 욕실에 있는 줄 알았어요."

사람들이 해변 별장의 가족 방에서 카드놀이를 하고 있었는데, 그들 모두 마스크를 쓰고 있었다. 그리고 방 밖인지 그 위인지 어떤 목소리가 계속 그녀 이름을 부르며, "우리 곁으로 와. 트레이시, 우리 곁으로 와." 라고 말했다. 그들은 웃으면서 노래하였고, 즐거운 시간을 함께 보내고 있었다. "그들 걱정은 하지 마." 그녀는 게임 중인 다른 친척에 관해 들었다. "그들이 알지 못하는 것이 그들에게 해를 끼치지 않아." 이러한 일이 일어날 때 트레이시는 별장의 가족 방 안에 있었고, 파티는 벽난로가 있는 거실 방향에서 진행되고 있는 것처럼 보였다. 하지만 그녀는 두 개의 방 사이에 있는 닫힌 문을 통과할 수 없었다. 그래서 파티가 진행되는 다른 방으로 들어가기 위해 욕실 부근에 있는 복도를 향해 내려가야만 했다.

어머니는 깜짝 놀랐고, 낯선 목소리가 흘러나오는 보이지 않는 파티 때문에 두려움을 느꼈는지 물었다. "아니요. 전혀 아니에요. 그들은 행복하고 즐거워 보였어요." 트레이시는 "그들이 모르는 것이 그들에게 해를 끼치지 않을 것"이란 말을 다음 세상이 얼마나 좋은지 알면, 우리 몸이 머물고 있는 지구에서 더 이상 살고 싶지 않을 것이라 느꼈다고 말했다.

그 꿈은 열심히 기도하지 않아서 상황이 더 악화되고 있다고 설명하는 말을 신경 쓰지 않는 데 도움을 주었다. 그녀를 화나게 만든 카드를 쓴 사람은 마치 죽음이 하나님의 눈 밖에 났다는 신호라도 되는 것처럼 여겼다. 이를테면 열심히 기도하면 죽지 않을 것처럼, 그래서 그녀가 죽게 되는 것처럼, 게다가 이러한 불치병이 젊은 나이에 닥쳤다면, 이는 '하나님께서 치유하기 원치 않는다는 분명한 증거'일 거라는 메시지처럼 들린다.

하지만 트레이시의 꿈에는 전혀 다른 메시지가 나온다. 그녀는 죽음을 일반적인 신체의 장벽을 초월하여 새로운 기쁨, 에너지, 친밀감의 영역으로 다가서는 통로로 묘사한다. 죽음은 더 이상 영적 저주가 아니라 사랑하는 사람들과 다시 연합하는 따뜻한 초대이다. 해변에서 화창한 여름을 보내고 자란 다른 사람들처럼, 그녀는 친척과 가족이 방에서 카드게임을 즐기던 분명한 기억을 지니고 있다. 트레이시에게 있어 사랑했던 어른들이 저세상의 행복한 교제로 환영하는 부름은, 그녀가 살아있을 때와 마찬가지로 죽어 가는 과정에도 그녀를 사랑하는 절대적인 하나님에 대한 믿음을 재확인하는 것이었다.

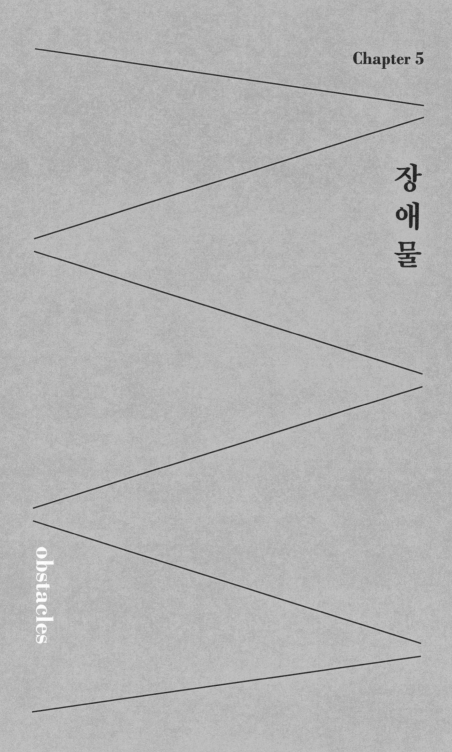

Chapter 5

장애물

obstacles

obstacles 숙모 어머니의 방문

●

린(Lynn)과 메들린(Madeline) 자매는 살날이 얼마 남지 않은 숙모 쉴라(Sheila)를 집에서 돌보고 있다. 숙모는 매우 까다로워서 곁에 함께 있는 것조차 힘든 사람이었다. 게다가 죽음이 점점 가까워질수록 불만이 늘어갔다. 그녀는 모든 것에 불평했으며, 끊임없이 날카롭고 비판적인 말을 해대었고, 조카들이 제공하려는 신체적, 정서적 지원들을 모두 거부했다.

상황이 점차 악화되자 린과 메들린은 항상 화나 있는 숙모 근처에 가기를 원하지 않았다. 그러던 어느 날 아침, 린이 숙모의 방에 들어섰을 때 이상한 변화를 감지하였다. 린이 안부를 묻자 숙모는 어머니(오래전 사망한 린과 메들린의 할머니)가 방에 왔었다고 기분 좋게 대답했다. 둘은 함께 이야기 나누며 멋진 시간을 가졌고, 그녀가 지금까지 보냈던 그 어떤 순간보다 더 행복했다고 말했다.

린은 숙모가 망상에 사로잡혀 현실감각을 잃은 것이라 염려했고, 분명 꿈을 꾼 것이라고 말했다. 할머니는 죽은 지 벌써 수십 년이 지났다. 숙모는 즉시 분노에 찬 목소리로 말했다. "아니야!" 숙모는 "꿈이 아니라 실제 일어난 일이야"라고 선포하듯 말했다. 린은 재차 꿈을 꾸었을지도 모른다고 설득했지만, 숙모는 실제로 방문했다고 강하게 주장했다. 숙모는 어머니가 앉아 있던 자리를 보여주기라도 하듯 손으로 침대를 내리치며 말했다. "그녀가 나를 위해 오고 있어." 이렇게 대화는 끝이 났다.

린은 메들린에게 숙모의 말을 전했고, 메들린도 의심과 걱정을 갖게 되었다. 메들린은 "숙모가 정신을 잃어 가고 있어"라고 말했다. 그들은 숙모가 임박한 죽음 앞에 정신 이상 징조로서 환상과 현실을 구분할 수 없는 상태에 있다고 믿었다. 육체적으로는 조금 더 살 수 있을지 모르지만, 정신적으로는 치명적인 치매 증상이 시작되어 더 이상 세상에서 의미 있게 살 수 없을 것 같아 염려되었다.

하지만 놀랍게도 숙모는 "정신을 잃지 않았다." 사실 생애 마지막 한 주간 숙모의 행동은 훨씬 더 좋아졌다. 더 이상 혹독하게 비판하거나 짜증을 부리지 않았다. 더 행복하고 평화로운 시간을 보냈다. 생각과 인식, 의사소통 능력은 온전히 유지되었으며, 린과 메들린의 도움에 적극적으로 협조하였다.

마침내 생을 다했을 때, 그녀는 "나를 위해 오고 있다"던 죽은 어머니에 대한 강렬한 환상의 영향으로 용기 있는 영혼을 지닌 "새로운 숙모"로서 아름답게 기억되었으며, 이를 통해 조카들이 죽음에 대한 새로운 통찰을 갖게 했다. 장례식이 끝난 후, 린과 메들린은 가족에게 이 이야기를 전했다. 숙모의 경험은 그들 모두를 변화시켰다. 그들은 그녀가 어디에 있든 잘 지낼 것이라 믿었고, 더 이상 죽음을 두려워하지 않게 되었다.

죽어감이 은유적으로 이생을 초월하는 목적지를 향한 여정으로 이해될 수 있다면, 죽음을 둘러싼 다양한 어려움은 그 길에 놓여 있는 장애물로 볼 수 있다. 이 장에서 우리는 죽음예지 꿈을 죽어 가는 사람들이 종종 직면하는 장애물을 통찰할 수 있는 원천으로 본다.

숙모의 경험은 몇 가지 장애물을 예시하고 있다. 그 가운데 하나는 격렬한 분노, 통렬한 절망으로 인해 조카들은 물론 사람들을 밀어낸 것이다. 죽음에 대한 그녀의 태도는 마치 이런 것이다. "인생이 나를 거부한다면 나도 인생을 거부할 것이다."

자신이 죽는다는 사실을 알게 된 사람으로서 이러한 반응은 극히 자연스럽다. 하지만 적대적인 상태가 지속되어 굳어지면, 삶의 마지막 단계에서 얻을 수 있는 성숙과 발전의 기회에 방해가 될 수 있다. 이러한 적대감을 마주하는 돌봄자는 어떻게 대처해야 할지 속수무책일 경우가 많다.

린과 메들린은 숙모에게 도움을 주고 싶었지만, 그녀의 완고하고 부정적인 태도에 어떠한 말도, 아무런 영향도 미칠 수 없었다. 그런 중에 죽은 어머니와의 만남이라는 강력한 환상으로 인해 그녀는 분노의 껍질에서 벗어나고, 죽음의 숙명으로 이끌어줄 새로운 원천인 신뢰할 만한 안내자와 다시 연결될 수 있었다.

숙모의 경험에서 예시되는 또 다른 장애물은 꿈과 깨어 있는 현실을 구별하는 어려움이다. 숙모에게 어머니의 방문은 현실이었다. 하지만 린과 메들린에게는 꿈이라고 여겨졌을 것이다. 누가 옳은가? 전 세계의 많은 문화와 종교 전통은 이 두 주장이 양립할 수 없다고 생각하지 않을 것이다. 깨어 있는 현실만이 유일한 현실이라고 믿지 않는다. 꿈이나 환상은 깨어 있는 경험과 다른 방식의 현실이 될 수 있다.

이러한 다원적 사고방식은 이성적으로 깨어 있지 않은 의식 상태를 병리적이거나 무가치하다고 여기는 현대 사회의 많은 사람에게는 받아들여지기 어렵다. 그 태도는 죽음예지 꿈의 가치를 온전히 평가하는 데 심각한 영향을 미친다. 앞의 경우, 린과 메들린이 본 숙모의 분명한 행동 변화는 그녀가 무슨 경험을 했든, 그것이 꿈이든 비전이든 혹은 환각 상태이든, 감정적으로 "실제"라고 여길 만큼의 깊은 의미가 있었다고 전해준다.

이 부분은 강조할 가치가 있다. 특정한 꿈의 강렬함과 생생함은 정확히 무슨 일이 일어난 건지 스스로 이해할 수 없을 만큼 큰 경험일 수 있다. 그것이 너무나 놀랍고 특별해서 더 이상 "꿈"이란 단어를 적용하기 힘들 수도 있다. 우리가 언급했던 것처럼, 세계의 많은 종교 전통은 이러한 꿈이 신과 연결될 수 있는 중요한 수단이라고 가르친다. 반면 현대 심리학 관점은 그러한 꿈을 무의식적 뇌 활성화의 비정상적인 산물로 간주한다.

당신의 신념 체계가 무엇이든, 공통적인 요소는 이러한 꿈의 감정적 영향력이다. 숙모의 어머니가 실제로 그녀를 방문했든 안 했든 혹은 그녀가 의식적 상태였든 아니든, 그 경험은 감정적으로 실제였고, 실제 행동에 영향을 미쳤다. 합리적인 증거를 기준으로 볼 때 숙모의 태도는 부정적인 상태에서 긍정적인 태도로 바뀌었다. 그 경험은 그녀에게 유익한 영향을 미쳤으며, 이것은 윌리엄 제임스가 종교적 경험에 대해 한 말과 정확히 일치한다. 그렇다면 열매는 무엇인가? 어떤 실제적인 방법으로 개인이 더 나은 변화를 경험했는가?

우리는 죽음예지 꿈과 환상이 만들어 내는 정서적인 변화, 곧 그것이 삶의 마지막 단계, 심지어 최후 며칠 혹은 몇 시간 안에 존재하는 성장의 잠재력을 드러내는 변화를 강조하고 싶다. 돌봄자가 기억해야 할 것은, 그러한 잠재력은 육체적·정신적 상태가 어떠하든지, 얼마나 잔혹한 말을 하든지, 얼마나 괴팍한 행동을 하든지와 상관없이 죽어 가는 사람에게 언제나 남아 있다는 사실이다.

세 번째 장애물은 숙모의 경험과 이를 린에게 알리려는 노력에서 나타난다. 죽어 가는 사람의 친구와 가족은 사랑하는 사람의 임박한 상실을 준비하면서 대부분 끔찍한 정서적 고통을 겪는다. 실제로 죽어 가는 사람은 침착하고, 만족하고, 떠날 준비가 된 시점에 도달한 반면, 가족 구성원은 보낼 준비가 되어 있지 않고, 오히려 필사적으로 붙잡으려 할 수 있다. 숙모의 경우 이것이 확실히 나타났다.

그녀는 환상을 경험한 이후 어머니 만나기를 학수고대했지만, 린은 숙모가 "정신을 잃은 상태에서" 영원히 떠날 수 있다는 것을 두려워했다. 다행히 숙모는 조카들의 두려움을 진정시킬 수 있는 충분한 시간이 있었으며, 그녀가 두려워하지 않는다는 사실을 몸소 보여주었다. 정신적으로 악화되거나 현실감각을 상실하지 않았고, 현실에 더 적극적으로 참여하고, 조카들과 애정 어린 결속을 맺었으며, 정신적으로 더욱 안정된 모습을 보여주었다. 결국 린과 메들린은 숙모의 죽음 수용에 대해 담대히 이야기를 나눌 수 있었고, 그렇게 함으로써 숙모를 편안히 놓아줄 수 있었다.

가족 전통, 가족 장벽

린과 숙모 사례에서 제시한 것처럼, 죽어 가는 사람이 직면하는 장애물은 종교적 믿음 외에도 친구나 가족의 신념과 기대를 포함한다. 세계 종교 전통은 1장에서 논의한 대로 죽음과 죽어감에 대한 다양한 접근을 발전시켜왔으며, 각각의 종교는 삶의 마지막에 일어나는 특정한 믿음을 제공한다. 많은 사람에게 종교의 가르침은 소중한 안내 역할을 하며, 돌봄을 위한 추가적인 노력으로 기꺼이 받아들인다.

하지만 어떤 사람에게 종교적 가르침은 개인의 경험, 삶의 여정에서 얻은 독특하고 구체적인 부분과 잘 맞지 않을 수 있다. 이러한 경우, 종교의 가르침은 죽어 가는 사람의 여정에 적절한 지침을 제공하기보다 오히려 방해가 된다. 그래서 가족은 실제로 상처가 될 수 있는, 그들이 생각하기에는 영적인 위로의 말을 하기도 한다. 앞 장에서 언급했던 트레이시 이야기가 좋은 예이다.

죽음예지 꿈은 갈등 해소, 장애물 극복, 그리고 앞으로 나아가는 길을 향한 과정에 결정적인 역할을 할 수 있다. 꿈에 관한 놀라운 사실 가운데 하나는 꿈꾸는 사람이 지금 여기에서 경험하는 삶의 상황에 직접적으로 응답하면서, 특별한 개인적 관심에 주의를 집중하는 능력이다. 죽어 가는 사람이 (그가 원하든 원하지 않든) 가족의 신념이나 종교적인 기대

때문에 죽기 전에 해야 하는 일에 압도당할 때, 꿈은 죽음에 접근하는 다른 방법을 열어주고 가족의 종교 전통에 대안적 경로를 제공할 수 있다.

로즈메리(Rosemary)는 74세의 독실한 신앙을 가진 이탈리안 가정의 여성이다. 그녀는 말기 암 진단을 받았으며, 질병의 진행을 막기 위해 더 이상 할 수 있는 일이 없다는 의사의 말을 듣고 병원을 나와 남편 파올로(Paolo)가 돌보는 집으로 돌아왔다. 티쉬가 방문했을 때 파올로가 처음 말한 것은 축복의 성모 마리아가 침대에 있는 아내 발 아래 나타날 때까지 그녀는 죽지 않을 것이라는 말이었다. 그는 가족에게 늘 이런 일이 있었으며, 이번에도 예외가 아니라고 말했다.

티쉬는 그 가족 종교 전통에 주목했고, 로즈메리와 함께 이야기를 나누며 그녀가 매우 조용한 사람이라는 것을 알게 되었다. 티쉬가 질문할 때마다 파올로는 천국과 내세에 대한 신념을 되풀이하면서 그녀를 대신해 대답하였다. 이생에서 다음 생으로의 여정이 어떤지 매우 확고한 신념을 가지고 있었다. 티쉬가 확신할 수 없었던 것은 그 여행에 대한 비전이 로즈메리 자신의 것인지, 그의 기대가 그녀가 죽어 가는 과정에 의도치 않은 장애물이 되는지 여부였다.

어느 날 티쉬는 로즈메리와 단둘이 앉아 이야기할 기회를 얻었고, 그녀는 자신의 꿈에 대해 말했다. 캔들스틱 공원(근교의 전문 스포츠 스타디움)에서 열린 거대한 기독교 집회 장소에 있었고, 교황은 운동장 한가운데 높은 단상에서 미사를 드리고 있었다. 스타디움 좌석은 사람들로 가득 차 있고, 모두 교황과 함께 찬양과 기도를 하고 있었다. 어떠한 이유인지 로즈메리는 단상 아래 숨겨진 보물(금)이 있다는 것을 알아차렸다. 미사가 진행되는 동안, 그녀는 단상 아래 숨어 주인을 기다리고 있는 보물이 있는 곳으로 내려갔다. 자신이 그 숨겨진 금을 찾았기에 그것이 자기 것이라고 인식하며 꿈에서 깼다.

티쉬는 그 꿈에 대해 전형적인 해석을 하거나 그녀에게 해석을 요구하지 않았다. 둘은 그저 그 꿈의 이미지와 감정에 놀라 그대로 앉아 있었다. 로즈메리는 어떤 면에서 자신이 금이었고, 그녀가 보물이었으며, 그 보물이 자기 자신이라는 이상한 감정에 의아해했다. 이것은 교황 "아래"에서 다른 신실한 기독교인에게 보이지 않은 채 일어났다. 로즈메리는 자신만의 독특한 영적 가치와 의미의 원천을 발견했고, 그러한 원천이 자신을 이끌고 있다는 사실을 알게 되었다.

로즈메리가 세상을 떠난 후, 티쉬는 파올로와 이야기를 나누었다. 그는 로즈메리가 침대 발밑에 있는 축복의 성모 마리아상을 봤다고 자랑스럽게 말했고, 가족 모두 그녀가 죽기 전 작별 인사를 할 수 있었다고 한다. 티쉬는 실제 성모 마리아를 본 것인지, 아니면 절망적인 남편에게 그가 듣고 싶은 말을 한 것인지, 그것도 아니라면 파올로가 가족의 전통적 의무를 만족시키기 위해 이야기를 꾸며낸 것인지 알 수 없었다. 단지 아는 것은 로즈메리의 꿈이 본인에게 확실한 위안과 열정을 선사했고, 압박감을 덜어주었으며, 죽어감의 여정이 자신만의 특별한 존엄과 가치가 있음을 확인시켜 주었다는 사실이다.

꿈, 비전, 망각 ●

많은 사람이 죽어 가는 과정에서 심각한 정신적 악화를 겪는다. 많은 종류의 질병은 뇌신경 기능을 파괴하거나 혼란스럽게 만든다. 이를 염두에 두고, 우리는 죽어 가는 사람이 말하는 모든 언어를 신의 계시로 받아들이라고 제안하는 것이 아니라는 사실을 분명히 하고 싶다. 실제로 죽어 가는 사람의 친구와 가족은 심리적 장애를 겪는 사랑하는 사람에게서 어떤 의미나 소통의 희미함이라도 발견하고 싶은 간절한 소망이 있으며, 이로 인해 그저 비극적 치매 증상에 지나지 않는 몸짓이나 말에도 큰 영적 의미를 부여하려는 유혹에 빠진다.

그럼에도 불구하고 죽어 가는 사람의 정신 상태에 대한 정직한 평가를 위해서는 뚜렷한 환상의 경험이나 통찰력을 발휘하는 갑작스러운 순간이 올 수 있다는 가능성도 배제해서는 안 된다. 치매는 죽음의 여정에서 치명적인 장애물이 될 수 있지만, 비록 그가 질병으로 인해 정신적 기능을 잃어버린 것처럼 보일지라도 강력한 영적 경험을 위한 능력이 여전히 살아 있을 수 있다.

티쉬는 친구 목사에게서 16세인 제임스(James)의 죽음에 관한 이야기를 들었다. 그는 급속히 진행되는 암 진단을 받았고, 몇 주 만에 혼수상태에 빠졌다. 죽기 직전, 가족과 친구들은 그의 침대 곁에 모여 울며 기도하고 있었다. 그런데 갑자기 제임스가 눈을 뜨며 모두를 기쁨에 찬 눈으로 바라보았다. 오랫동안 두 팔을 높이 들었다. 그리고 나서 자리에 누웠고, 몇 분 후 세상을 떠났다.

이것은 일반적 경험은 아니다. 이와 유사하게, 놀랍도록 명료한 순간의 경험은 알츠하이머로 고생하는 사람들에게도 종종 일어난다. 죽음 직전에 그들의 심리적 기능이 완전히 파괴된 것 같은 순간, 일시적으로 번쩍이는 인식의 순간 짧지만 의미 있는 인식의 갑작스러운 깨어남을 경험한다. 마치 통합된 존재로서 이 세상에서의 마지막 순간을 맞이하기 위해 자신의 정신을 끌어모으듯 세상의 마지막 단계와 새로운 여정의 첫발을 딛기 위한 영혼과 몸의 통합이 일어난다.

돌봄자는 그러한 경험의 징후에 귀 기울이도록 잘 훈련받아야 하며, 언제라도 그러한 일이 일어날 수 있다는 것을 인지해야 한다. 다시 말하지만, 죽어 가는 사람이 말하는 모든 것이 영적으로 의미 있는 것은 아니다. 하지만 그들이 말하는 모든 것이 터무니없는 것도 아니다. 종교적이든 세속적이든 돌봄을 위한 기술은 그 차이를 잘 분별하고, 그에 따라 바람직하게 대응하는 것이다.

물론 대부분의 죽음 직전 영적 경험은 죽어 가는 사람 외에 어떤 누구도 모른 채 일어날 수 있다. 특히 꿈의 경우가 그러하며, 이는 자신 외에 다른 사람에게 관찰될 수 없다. 우리는 자신의 꿈을 말할 때만 그들의 꿈에 대해 알 수 있으며, 언어 능력에 심각한 장애를 겪고 있는 사람의 꿈 경험에 대해 알 수 있는 것은 제한적이다.

신경과학자들은 최근에 렘수면 상태에서 꿈을 꾸는 것은 깨어 있는 인식에서 발견되는 것과 다른 뇌 활성화 패턴을 포함한다는 것을 발견했으며, 이는 죽어 가는 사람이 꿈을 꾸는 데 문제는 없지만, 꿈을 표현할 수 있는 능력이 없을 수 있음을 의미한다. 실제로 우리는 대부분의 죽음예지 꿈이 꿈꾸는 사람에게 의미를 주지만, 다른 사람에게는 알려지지 않는 방식으로 일어난다고 믿는다. 잠자는 가운데 죽음을 맞은 사람에 관해 우리가 어떤 할 말이 있겠는가? 그들의 마지막 꿈은 삶과 죽음을 분리하는 다리를 건너도록 이끈다.

고통스러운 비밀

인생의 마지막 단계에서 경험하는 급속한 전개는 필연적으로 낡고 고통스러운 기억을 떠올리게 한다. 오랫동안 거부되어 온 비밀, 그토록 부정하고 싶었던 가혹한 진실, 여전히 가슴 아픈 잃어버린 기회, 이 모든 혹은 이보다 더 많은 것들이 다시금 죽어 가는 사람의 마음에 요동치며, 그에 대한 잔상과 감정, 갈등의 심리적 폭풍으로 압도당할 위험이 있다.

꿈은 소용돌이치는 폭풍 같은 감정 속에서 우리 자신을 재정비하는 시도 중 하나이다. 꿈 연구의 대가 에른스트 하트만(Ernest Hartmann)에 따르면, 꿈의 중요한 기능은 현재의 관심사, 과거의 경험, 미래의 예측을 연결하는 것이다.[41] 꿈은 깨어 있는 의식의 제약 없이 발생하기 때문에 정신은 깨어 있을 때보다 수면 중에 더 넓고 광범위한 연결을 자유롭게 할 수 있다. 꿈은 비록 가장 두려워하는 것과 끔찍한 후회를 공개적으로 인정하는 고통스러운 단계를 피할 수 없지만, 그럼에도 어느 정도의 안정과 자아 통합을 회복시키도록 돕는다.

오래된 자아, 어두운 비밀을 담고 살아온 자아는 필연적으로 그러한 꿈에서 무너지게 된다. 하지만 꿈의 상상력이 지닌 특별한 재능은 바로 새로운 자아가 항상 옛것의 폐허 가운데 새롭게 창조된다는 점에 있다. 죽어 가는 사람이 깨어 있는 삶에서 경험하는 고통스러운 기억의 맹렬한 공격이 꿈에서는 새로운 성장의 원천, 더 넓은 관계, 더 깊은 자기 통

---

41) Hartmann 1995, 1998.

합이 된다.

이번 장의 나머지 부분은 외적인 관계(그들의 가족, 종교, 문화 공동체)와 내적인 삶(그들의 기억, 감정, 욕망)의 양 측면에서 죽음에 접근하는 사람의 두 가지 사례를 기술하려고 한다. 깨어 있는 삶의 장애물, 장벽, 장애로 둘러싸인 두 사람은 꿈에서 죽음의 과정을 통과하고 초월하도록 이끌어 주는 안내의 원천을 발견했다.

첫 번째 사례는 융 심리분석가 로버트 보스낙(Robert Bosnak)의 환자 크리스토퍼(Christopher)라는 젊은 동성애자이다. 보스낙은 그를 동성애로부터 벗어나도록 도우려고 노력했다. 보스낙에게 했던 그의 초기 호소는 "저는 더 이상 동성애의 삶을 원치 않습니다"였다. 그는 근본주의적 기독교 공동체에서 자랐고, 목사가 되기를 결심하고 남부에 있는 성경대학(Bible college)을 다녔다. 학업에 충실했고 인기가 많은 학생이었으며, 당시 에바(Eva)라는 가까운 친구와 약혼한 상태였다.

하지만 자기 생각을 자극하는 러시아 여행에서 돌아온 후, 이제는 거짓된 삶을 살지 않기로 결심했다. 그는 에바와 결별하고 자신이 어린 시절부터 게이였다는 사실을 학교에 알렸다.

학교는 즉시 크리스토퍼를 퇴학시켰고, 그는 플로리다로 이주하여 패션업계의 세일즈맨으로 일하면서 "완전히 무질서한 사람"이 되어 "빠른 게이 생활"에 빠져들었다. 그는 이러한 삶에서 벗어나고 싶고, 보스낙에게 도움을 받기 원했다. 첫 번째 만남에서 그가 기억할 수 있는 단 한 가지 꿈은 그저 작은 단편들뿐이었다.

립(Lib) 아줌마 방문. 나는 다른 쪽으로 건너가야 한다.

크리스토퍼는 할머니의 먼 친구이자 삶에 아무 상관도 없었던 립 아줌마에 관해 묻는 보스낙의 질문에 아무 답도 할 수 없었다. 그는 아마 꿈에서 그녀의 모습이 "여성해방운동(Women's Lib)" 혹은 "동성애자 해방운동(Gay Lib)" 같은 자유(Liberation)와 관계가 있어 보였다고 했다. 그러므로 그 꿈은 어쩌면 그가 동성애로부터 해방되고, 게이의 삶에서 일반적인 삶의 방향으로 건너가야 한다는 것을 인지하는 꿈일 수 있다.

보스낙은 확신할 수 없었지만 딱히 다른 설명을 할 수 없음을 인정했다. "동성애에서 벗어나고 싶은 이 욕망은 무엇인가? 그 뒤에 숨겨진 신비는 그 꿈을 단일한 시각으로 보게 만든다. 그가 볼 수 있는 것은 오직 게이의 삶을 떠나고 싶은 욕구이다. 왜? 그리고 다른 쪽으로 건너가기. 이 모든 것이 의미하는 것은 무엇일까? 잘 모르겠다."

크리스토퍼의 두 번째 꿈은 보트를 타는 여행을 포함하고 있다.

빠른 흰색 보트를 타고 호수 같은 곳을 돌아다니는 꿈을 꾸었다. 나는 운전을 하지 않았고, 왠지 물에 던져질 것 같은 느낌이 들어 운전을 해야 할 것 같다는 생각이 들었다. 우리가 가야 할 장소에 도착했고, 작고 교활해 보이는 남자는 우리에게 비용을 지불하게 한 후에 통과시켰다. 문은 아니고 일종의 통로 같았다. 기억나는 것은 비용을 지불했지만 너무 많이 청구했다는 (바가지를 씌운 것 같은) 느낌이었고, 나중에 돈이 부족하지 않을까 염려했다.

보스낙은 이 꿈이 한 장소에서 다른 곳으로 건너가려는 주제의 반복이라는 사실을 깨달았다. 크리스토퍼는 게이 세계를 떠나고 싶어하는 욕구에 대한 확신이라고 보았다. 보스낙은 터무니없는 요금을 부과하는 불편한 이미지의 작고 교활한 사람에 집중하지 않을 수 없었다. 가장 통찰력 있는 현대 꿈 연구가들 가운데 하나인 보스낙은 그가 취한 반응이 장애물이었다는 사실을 깨닫게 되었다. "나는 나 자신의 틀에 갇혀 꿈을 제대로 볼 수 없게 되었다"라고 고백한다. 보스낙은 자신이 불안을 느끼는 바로 그 지점에 불안의 요소가 있었음을 깨달았다. 어쨌든 이러한 어려운 상황에서 의미를 만들고자 노력한 크리스토퍼의 노력에 다시 초점을 맞추었다.

이어진 몇 회기의 상담 동안 크리스토퍼는 위 아래로 오르내리는 꿈을 중점적으로 보고했다. 수평적 건너감의 처음 두 꿈과 결합하여 볼 때, 보스낙은 "이는 모든 면에서 다양하게 일어나는 꿈의 풍경"이라는 인상이 들었다. 움직임은 많지만, 정확한 방향이나 목적지는 없다. 추가적인 꿈은 학교에서 길을 잃거나 혼란을 겪고, 연극에서 그의 자리를 잃고, 자전거를 타고 미끄러운 길을 내려가는 꿈을 포함한다.

이 시점까지 우리가 기술한 내용을 읽고, 죽음예지 꿈의 일반적인 패턴에 대해 배웠다면 아마 당신은 다음에 일어난 일에 크게 놀라지 않을 것이다. 크리스토퍼는 건강의 문제가 생겼고 의사를 찾아가 에이즈 (AIDS) 진단을 받았다. 이 사실을 보스낙에게 알렸을 때, 그들이 끝까지 부정하고 싶은 현실을 산산조각냈다. 게이 세계를 떠나려는 크리스토퍼의 절박함은 돌이켜 보면, 이미 자신의 몸에 자리 잡은 질병에 대한 충격의 무의식적 반응으로 이해될 수 있다.

보스낙은 "그가 초기에 꾸었던 '반대편으로 가야 한다'는 꿈은 종합적으로 볼 때 이제 다른 관점을 비춰준다"고 말한다. 꿈에서 그의 모든 움직임, 건너감, 보트, 자전거, 장애물, 방향 상실 등은 이제 그가 무의식적으로 무슨 일이 일어나고 있는지 알고 있었던 것에 대한 은유적인 표현으로 볼 수 있다. 많은 사례에서 볼 수 있는 것처럼 크리스토퍼의 꿈은 다가올 미래를 대비하는 관점에서 죽어 가는 사람의 의식적인 지각보다 훨씬 더 앞서 있었던 것이다.

크리스토퍼는 삶의 마지막 몇 달 동안 지속해서 보스낙을 만났고 꿈을 나누었다. 여행 이미지는 계속되었고 장애물 주제의 많은 변형이 그의 길을 가로막았다. 그 가운데 하나는 차에 타고 있는데 운전대가 왼쪽이 아닌 오른쪽에 있는 꿈이었고, 이 상태로 운전이 가능한지 확신할 수 없었다. 또 다른 꿈은 그의 차에 기름이 떨어지고 있었으며, 어떤 꿈은 잠자는 운전사가 운전하는 차에 타고 한 시간 동안 100마일을 달리기도 했다. 보다 긍정적 이미지는 이전 약혼녀와 함께 코끼리를 타는 꿈이다. 코끼리는 갑자기 "아름답고 경이로운 고대풍의 마차"로 변하였다. 이는 은유적으로 그가 과거에 만났던 이들 중 가장 중요한 사람과의 화해를 반영한다. 비록 에바와 전통적 방식의 이성애적 결혼을 할 수 없었지만, 그는 그녀와의 시간을 돌아보며 선한 우정에 깊이 감사했다.

깨어 있는 삶에서 보스낙이 안내자 역할을 해서인지 크리스토퍼의 꿈에서는 안내하는 인물이 거의 등장하지 않았다. 크리스토퍼가 말해준 마지막 꿈은 궁극적으로 그가 가야 할 마지막 여행과 그 길에서 찾을 수 있는 것을 상상하게 했다.

컨버터블 자동차를 운전하고 강 아래로 향했다. 강가에서는 파티가 열리고 있었다. 많은 사람이 떼를 지어 돌아다니고 있었고, 분주하고 즐거

위 보였다. 군중들 속으로 걸어 들어갔다. 하지만 아무도 나를 인식하지 않았다. 완전히 홀로, 나를 전혀 쳐다보지 않는 사람들 안으로 들어갔다. 소외된 느낌이 들었다. 그때 진흙 속에서 아주 작은 금화 하나를 발견했다. 그것을 주워들었다. 그것은 삼각형 모양이 새겨진 매우 값진 것으로 보였다. 삼각형 안에 또 다른 삼각형.

크리스토퍼는 자신이 한때 주도했던 파티를 떠났지만, 그의 "자유"는 처음에 예상했던 것보다 훨씬 심오하다. 더 이상 동성애 군중이 아니며 본질적으로는 이 세상 어떤 공동체의 일원도 아니다. 그는 보이지 않는, 비물질적이며, 실체가 없는 존재가 되어 다른 사람들과 완전히 분리되어 가고 있다. 하지만 그는 작지만 소중한 보물인 동전을 발견한다.

이는 이 장의 앞부분에서 교황 아래 묻힌 금을 발견한 로즈메리의 꿈을 연상케 한다. 은유적으로 지상에서 보물을 찾는 것은, 사람의 그 어떤 여정이라도 가치가 있음을 확인시켜 주는 고전적 동화처럼, 놀라운 발견과 행운의 표현이다. 크리스토퍼에게 작은 금화는 시대를 초월한 가치의 상징이다. 동전은 그에게 매우 작아 보이지만 (AIDS로 인한 청년의 짧은 삶과 유사하게) 그는 진흙투성이 땅에서 잃어버리고 매장되었던 아름다움, 그 변하지 않는 가치를 인식하게 된다.

크리스토퍼가 죽은 후, 보스낙은 그와 함께 작업한 과정들을 기록하기로 결심했다. 글쓰기를 시작하기 전날 밤 그는 꿈을 꾸었다.

나는 국경 바깥 캠프에 있었다. 위험한 지형을 통과하는 법을 배워야 했다. 십대 아들과 함께 있었다. 매우 좁은 바위 협곡을 내려가야 한다. 겁이 났다. 가장 끔찍한 일은, 마치 디킨스(Dickens) 시대에 아이들을 벽난로 굴뚝 청소를 위해 보냈다가 갇히게 되어, 다시는 그렇게 하지 않았던 것처럼 매우 좁은 협곡을 내려가다가 갇히게 될까 염려하는 것이었다. 나는 그 앞에 서서 감히 통과할 엄두를 내지 못했다. 우리 옆, 바위들 사이 녹색 잔디 왼쪽에는 또 다른 협곡이 있었다. 그것은 훨씬 작고 평탄해 보였다. 아이들을 위한 것이었다. 아들이 슬퍼 보였다. 그는 "나는 다른 사람과 함께 살고, 홀로 죽어 간다"라고 말하며 그 협곡으로 내려갔다.[42]

이것은 죽어 가는 이를 돌보는 사람이 경험할 수 있는 종류의 꿈이다. 죽음의 과정에서 장애물은 죽어 가는 사람뿐 아니라, 돌보는 사람을 방해하기도 한다. 죽음에 대한 그들의 두려움은 죽어 가는 사람을 위한 그들의 노력에 의해 자연적으로 발생하며, 이러한 두려움은 돌봄자를 불안에 갇혀 움직이지 못하고 얼어붙게 만드는 감정적 마비를 일으킬 수 있다. 어쩌면 돌봄자에게 가장 큰 도전은 죽어 가는 사람이 결국에는 홀로 가야 한다는 사실을 받아들여야 한다는 것이다.

돌보는 사람은 갑작스레 거대하고 고통스럽게 구멍 뚫린 세상을 이해하려고 애쓰는 애도의 과정을 겪게 된다. 꿈은 보스낙의 꿈에 나타난 바위 협곡 이미지처럼 두려움을 생생한 이미지 형태를 바꿈으로써 감정적으로 애도 작업을 돕는다. 그러한 이미지는 우리의 가장 큰 두려움에

---

42) Bosnak makes no comment on the different spellings of "shute" and "shoot," and we wonder if there might be different meanings or feelings attached to the variant spellings.

대한 명확하고 정직한 인식을 제공하며, 무의식적 창의력과 치유의 능력을 활성화하는 유익한 효과를 지닌다.

그의 꿈은 십대 아들에게서 나올 수 없을 것 같은 지혜로운 말로 끝을 맺는다. "나는 다른 사람과 함께 살고, 홀로 죽어 간다." 특정한 시점에서 삶은 더 이상 지속될 수 없으며, 반드시 작별 인사를 해야 한다. 죽어 가는 젊은 청년에게 자신이 할 수 있는 모든 것을 다해 준 이 돌봄자에게 있어서, 그들이 함께 공유하며 서로 간에 영향을 주었던 꿈들은 자기 자신의 삶과 죽음 여정에 일부가 되었다.

신앙을 위한 죽음

이 장에서 마지막으로 다룰 이야기는 서양 역사상 가장 중요한 꿈 문서 중 하나, 로마의 젊은 여성 『비비아 페르페투아(Vibia Perpetua)의 일기』이다. 서기 203년, 로마제국의 두 번째 도시 카르타고에서 살던 페르페투아는 기독교 신앙을 저버리기 거부한 죄로 옥에 갇혀 사형 선고를 받았다. 그녀는 이제 막 결혼하여 어린 아들이 있는 22세의 여성이었다. 아버지는 그녀에게 로마 권력자들이 원하는 것을 들어주라고 몇 번이고 간청했다. 그저 의미 없는 공개 의사 표현만 해도, 삶이 유지되고 아들은 엄마를 잃지 않을 것이다.

그러나 페르페투아는 아버지의 열성적인 간청에도 불구하고 자신의 신앙을 거부하지 않았다. 당시 많은 로마 사람들이 기독교로 개종한 것처럼, 페르페투아는 하나님과의 관계를 세상의 힘이나 권력과 바꿀 수 없었고, 황제를 숭배하는 것을 가당치 않은 일로 여겼다. 그녀는 감옥에서 갓난 아들을 돌보며, 몇몇 기독교인과 함께 카르타고의 아레나에 내던져 짐승에게 죽임 당할 날을 기다리고 있었다.

이 시기, 마지막 며칠 동안 페르페투아는 네 개의 놀랄 만한 꿈을 일기에 기록하였다. 첫 번째 꿈은 오빠(기독교인)가 감옥에 찾아와 하나님에게 '너의 운명을 예견해 주길 간청해 보라'는 말을 남기고 돌아간 이후에 일어났다.

나는 동으로 만든 굉장히 높은 사다리가 천국에 이르도록 이어져 있는 것을 보았다. 하지만 너무 좁아서 오직 한 사람만 오를 수 있었다. 좁은 사다리 양쪽에는 각종 강철 무기(칼, 창, 갈고리, 단검, 뿔)가 매달려 있어서 누구라도 집중하지 않고 부주의하게 오르다가는 무기들에 의해 살점이 뜯기거나 베이게 될 상황이었다.

사다리 밑에는 거대한 용이 있어서 사다리에 오르는 사람을 공격하여 공포를 느끼도록 했다. 사투루스(함께 사형 선고를 받은 친구)가 맨처음 사다리에 올랐다. 그는 뒤늦게 타협을 포기한 사람이다. 그는 우리가 체포되었을 때 함께 있지 않았지만 힘을 북돋아 주던 사람이었다. 꼭대기 난간에 도달한 그는 뒤를 돌아보며 "페르페투아, 기다리고 있을게. 조심해야 돼. 그 용이 너를 물지 않도록 해."라고 말했고, 나는 "다치게 하지 못할 거야."라고 대답했다. 그러자 마치 용이 나를 무서워하는 듯 서서히 사다리 아래에 머리를 긴 채 가만히 있었다. 나는 이때를 이용해 첫 발을 용 머리를 밟고 드디어 위로 오를 수 있었다.

그러자 광대한 정원을 보았다. 그 안에 회색 머리의 키 큰 남자가 목동

옷을 입고 양젖을 짜고 있었고, 주변에는 수천 명의 흰색 가운을 입은 사람들이 둘러 있었다. 그는 고개를 들어 나를 보면서 "이곳에 와서 기쁘다. 나의 자녀야"라고 하며, 자신의 곁으로 불렀고, 그가 짠 우유를 한 입 가득 마시게 주었고, 컵 모양으로 손을 내밀어 받아 마셨다. 그러자 곁에 서 있던 모든 사람이 "아멘!"을 외쳤다. 이 소리에 깨어났으나 여전히 입안에는 뭔가 달콤한 맛이 남아 있었다.[43]

페르페투아는 말기 질환으로 고생한 것은 아니다. 소크라테스와 마찬가지로, 치료 불가능한 질병 때문이 아닌 정부의 억압으로 죽임을 당하게 되었다. 그녀는 죽음을 원하지 않았지만 두려워하지도 않았다. 하나님을 향한 비전은 그녀 존재의 핵심이었고, 어떤 육체적인 위협이나 죽음의 위험도 그녀가 해야 한다고 느끼는 하나님에 대한 자유로운 예배를 막을 수는 없었다.

그녀의 꿈은 죽음의 여정을 가로막는 장애물에 대한 비유이며, 이러한 장애물을 극복하고 궁극적인 목적지에 도달할 수 있는 강력한 수단으로서 그녀의 믿음을 묘사하고 있다. 기독교인 친구 사투루스는 훌륭한 안내자였고, 많은 해석가들이 벧엘에서 야곱의 꿈에 나타난 유명한 하늘과 땅을 잇는 사다리(창세기 28장)와 견주는 무시무시한 사다리에 오르도록 그녀를 이끌었다. 사다리에 달려 있는 끔찍한 무기들은 폭력적이고 잔인한 여정을 예견했으며, 거대하고 위협적인 용은 비인간적 악에 의해 파괴되는 근본적인 위협을 구체화하고 있다. 하지만 페르페투

---

43) All translations are from Salisbury 1997.

아의 신앙은 그러한 두려움을 이겨낼 만큼 강하고, 그 꿈은 그녀를 믿음의 동료와 연합하여 하나님을 예배할 수 있을 만큼 한 단계 "위"로 올려주었다.

더 자세히 살펴보면, 그 꿈이 그녀에게 무언가 선하고 고양된 감각을 확실히 심어주었고, 그녀의 깨어 있는 인식으로 확장되어 이전보다 더 큰 확신과 희망을 불러일으켰다는 것을 알 수 있다. 맛이나 냄새를 느끼는 꿈은 흔하지 않다. 시각 및 청각을 느끼는 꿈이 훨씬 빈번하며, 이처럼 냄새와 맛을 느끼는 꿈은 아주 드물다. 페르페투아가 꿈의 끝부분에서 강하고 긍정적인 맛을 느낀 것은 믿음이 궁극적인 시험에 빠지게 될 때, 그녀가 경험한 전반적인 기억을 향상시키고, 믿음의 실재에 대한 인식을 강화한다.

다음날, 페르페투아가 꿈에 대해 오빠에게 이야기했을 때 그들은 죽음과 궁극적인 구원에 이르는 분명한 징조라는 사실에 의견을 모았다. 그녀가 먹었던 음식 종류에 대해 구체적으로 설명된 것은 없다. 어떤 번역가는 "우유"라고 해석하며, 다른 번역가는 페르페투아가 보다 딱딱한 종류의 음식이라고 말했다면서 "치즈" 혹은 "응유"로 번역하기도 한다. 흥미로운 것은, 일기 후반에 페르페투아는 자신의 아기가 단단한 음식을 먹기 시작했고, 이는 이 세상에서 그녀가 붙들려 있던 마지막 육체적 연결을 끊을 수 있다는 기쁨과 안도의 마음으로 이어진다는 것이다. 아기의 성장은 삶으로부터 죽음으로의 임박한 전환과 비교할 만한 것이었다.

카르타고의 기독교 공동체는 성찬식에서 빵과 포도주와 함께 우유와 치즈를 먹었기에, 페르페투아는 꿈에서 영양에 대한 의례와 그 안에 담긴 은유적 함축을 속히 이해할 수 있었다. 마치 엄마의 모유 수유에서 딱딱한 음식으로의 전환이 아기의 육체적인 성장을 의미하는 것처럼 페르페투아의 죽음은 이 세상에서 다음 생으로의 전환과 관련된 일종의 영적 성장이기도 하다.

다음 두 개의 꿈은 오래전 끔찍한 암으로 일곱 살에 죽은 남동생 디노크라테스(Dinocrates)와 연관되어 있다. 페르페투아는 기독교인들과 감옥에서 처형을 기다리며 기도하고 있었는데, 갑자기 그녀 입에서 '디노크라테스'라는 이름이 튀어나왔다. 이것이 예언적 통찰을 위한 뜻밖의 기회일지도 모른다고 생각한 그녀는 남동생을 위해 기도하기 시작했다. 그리고 얼마 후 꿈에서 남동생을 보게 되었다.

> 디노크라테스가 어두운 구멍에서 나오는 것을 보았다. 그곳에서 동생은 다른 많은 사람과 함께 있었다. 매우 더워서 갈증을 느끼는 듯했고, 창백하고 지저분했다. 그의 얼굴에는 죽을 때처럼 상처가 있었다. … 우리 사이에는 깊은 심연이 있어서 서로 접근할 수 없었다. 디노크라테스가 서 있는 곳에는 물웅덩이가 있고, 그 가장자리는 어린아이의 키보다 높은 벽이 있어서 디노크라테스가 물을 마시려면 손을 높이 뻗쳐야 했다. 웅덩이에 물이 있는데도 불구하고, 그가 높은 외벽 때문에 물을 마실 수 없다는 것이 안타까웠다. 그러고는 고통받고 있는 동생 생각을 하다가 꿈에서 깼다.

조이스 셀리스버리(Joyce Salisbury)가 페르페투아에 관해 그녀의 저서에서 언급한 것처럼, 두 번째 꿈은 이 젊은 여성의 돌봄 관심이 이 세상에서 천국으로, 또한 그녀 아기의 간절한 욕구로부터 죽은 동생의 간절한 욕구로 전환되는 과정을 예시하고 있다. 그녀는 중보기도의 힘에 대한 기독교 신앙, 특히 신앙을 지키기 위해 순교하려는 사람들과 기도를 함께 나누었으며, 자신의 동생이 이생에서 다음 생으로 통과하는 과정에 겪는 어려움을 돕기 위해 헌신을 다했다.

이 꿈은 죽음예지 꿈에서 나타나는 장애물의 주제를 보여준다. 여기서는 디노크라테스와 페르페투아를 분리하는 심연, 그리고 뜨겁고 목마른 소년을 방해하는 도달할 수 없는 높이의 물웅덩이가 그것이다. 페르페투아는 기도가 그 심연을 가로질러 작동할 것이며 동생의 갈증을 해결하는 데 도움을 주리라고 확신한다. 이러한 그녀의 노력은 세 번째 놀라운 꿈에서 보상받게 된다.

나는 이전에 보았던 똑같은 현장을 목격했다. 그곳에 있는 디노크라테스는 깔끔하게 잘 차려입었으며, 새롭게 보였고, 예전에 다쳤던 상처 하나를 보았다. 또한 예전에 보았던 물웅덩이 외벽은 어린아이의 허리 높이로 낮아져 있었다. 디노크라테스는 계속해서 물을 마시고 있었으며, 웅덩이 외벽 위에는 물로 가득 찬 금빛 그릇이 있었다. 디노크라테스는 그곳에 가까이 다가가서 그 물을 마시기 시작했다. 그런데도 그릇에는 여전히 물이 가득 차 있었다. 충분히 물을 마신 그는 어린아이처럼 뛰어놀기 시작했다. 그리고 나서 꿈에서 깼다. 나는 동생이 고통으로부터 구원받았다는 사실을 깨달을 수 있었다.

세 번째 꿈은 페르페투아가 자신의 죽음을 감수하고 앞으로 다가올 일을 준비하는 과정으로 이어졌다. 그녀는 동생의 놀랍도록 긍정적인 모습과 에너지를 회복한 모습을 보고 안심하였다. 우리가 몇몇 꿈에서 보았던 것처럼, 이는 죽음에 대한 은유적인 표현으로서 어린 시절을 새로운 삶의 시작, 새로운 존재로 그리고 있다. 디노크라테스는 지상의 현실과는 완전히 다른 초월적 현실에 들어와 있으며, 마법적 금 그릇은 어느 누구도 다시는 목마르지 않을 것을 보증한다. [44]

페르페투아의 관심은 이 세상에서의 사회적 관계(로마인들, 아버지, 아기)에서 다음 세상의 사회적 관계(하나님, 동료 순교자, 동생)로 바뀌고 있다. 이 또한 전에 우리가 보았던 꿈과 유사하며, 페르페투아의 경우는 죽어가는 사람의 가족 경험, 임박한 이별에 필사적으로 저항하는 고통스러운 반응을 강조하고 있다. 처형 하루 전, 페르페투아 아버지는 감옥을 방문하여 마지막으로 딸의 죽음을 돌이키려고 노력했다. 하지만 그의 간청은 헛된 것이었다. 그날 그녀의 일기에는 아버지의 불행을 가엾이 여기지만, 자신이 하고 있는 일 외에 다른 아무것도 할 수 없다고 기록했다. 그날 밤 그녀는 마지막 꿈을 꾸었다.

폼포니우스(Pomponius) 주교가 옥문 앞에서 격렬하게 문을 두드렸다. 나는 밖으로 나가 문을 열어주었다. 그는 벨트가 없는 흰 가운을 입고, 잘 다듬어진 샌들을 신고 있었다. 그는 내게 말했다. "페르페투아, 이리 와. 우리가 기다리고 있어." 그러고는 나의 손을 잡고 거칠고 파괴된 도시를 함께 걸어 나갔다. 마침내 원형경기장에 도착했고, 그는 나를 경기

---

44) The change in Dinocrates' bowl echoes the boulders of Ruth's dream, which change over the course of several dreams from immovable impediments to enticing invitations. For a recent discussion of the maternal qualities of Perpetua's dreams, see Davis (in press).

장의 한가운데로 이끌었다. 그리고 말했다. "두려워하지 마. 내가 여기서 너의 고통에 함께할게." 그러고 난 후 그가 사라졌다. 나는 환호하며 지켜보고 있는 거대한 군중을 보았다. 아무런 짐승을 풀어놓지 않은 것에 놀랐다. 짐승들에게 죽임 당하는 처형을 받을 것이라는 사실을 알고 있었기 때문이다. 그때 악의적으로 보이는 이집트인이 부하들과 함께 나타나 나를 대항해 싸우려고 하였다. 그때 잘생긴 젊은 남자들이 나의 부하가 되어 도우려 했다.

나의 옷이 벗겨지면서, 갑자기 남자가 되었다. 부하들은 (경기 전에 늘 해 왔던 것처럼) 내 몸에 기름을 바르기 시작했다. 그러자 반대편에서 먼지를 구르고 있는 이집트인을 보았다. 다음으로 놀랍도록 진기한 사람이 등장해서 원형경기장 꼭대기로 올라갔다. 그는 가슴 중앙에서 아래로 쭉 흘러내린 줄무늬 두 개가 있고 벨트가 없는 보라색 가운을 입고 있었다. 금과 은으로 만든 신비한 샌들을 신었고, 경기를 훈련하는 사람처럼 지팡이를 들고 있었으며, 금빛 사과가 달려 있는 녹색 나뭇가지를 들고 있었다. 그는 내게 조용할 것을 요청하며 말했다. "만일 이집트인이 그대를 물리치면, 그는 그 검으로 그대를 죽일 것이지만 만일 그대가 그를 물리치면, 그대는 이 가지를 받게 될 것이다." 그러고 나서 물러섰다.

우리는 서로 가까이 다가갔고 주먹날림이 시작됐다. 이집트인은 내 발을 붙잡으려 노력했지만, 발뒤꿈치로 그의 얼굴을 계속 가격했다. 그러자 내가 마치 땅에 발이 닿지 않는 듯 공중으로 뛰어올라 그를 몰아붙이기 시작했다. 그 후 전세가 유리해진 것을 느낀 나는 두 팔을 손가락으로 연결하고 그의 머리를 들어올렸다. 그는 바닥에 엎드렸으며, 나는 그의 머리를 발로 밟았다.

군중은 환호하기 시작했으며 부하들은 시편을 노래하기 시작했다. 그러자 나는 그 훈련사 앞으로 걸어가 그 나뭇가지를 받았다. 그는 내게 키스하며 말했다. "평화가 그대와 함께하길, 나의 딸아!" 나는 삶의 문(Gate of Life)을 향한 승리에 찬 걸음을 내딛었다. 그리고 꿈에서 깼다.

페르페투아의 세 번째, 네 번째 꿈과 비전은 다음날 다가올 고통스러운 죽음을 준비하도록 도와주었다. 그 꿈은 "고난"을 감옥에서 원형경기장으로, 그리고 "삶의 문"으로의 이동으로 그리고 있다. 이 여정은 자신의 신앙 공동체에서 신뢰할 만한 지도자 폼포니우스가 제공하는 확신과 영적 동반에 의해 안내되었다. 비록 그녀가 원형경기장에 홀로 들어서야 하지만, 폼포니우스는 그녀가 발견하게 될 장애물을 극복하여 싸울 수 있도록 여전히 함께할 것이다.

이러한 장애물은 이교도 문명의 세속적 힘을 상징하고 궁극적인 육체적 위험, 폭력적 죽음으로 그녀를 위협하는 강력한 이집트 전사의 모습을 취하고 있다. 페르페투아의 운명은 이 도전에 달려 있다. 갑자기 남자로 변하여 이집트인과 전투를 시작한 그녀의 변형은 오랫동안 해석가들을 혼란스럽게 했다.

이 기괴한 이미지는 당시 로마 사회의 강한 성적 불평들을 반영하며, 여성에서 남성으로의 변화는 그녀가 죽음을 향해 다가갈 때, 자아 정체성의 근본적인 재조정을 강조한다. 그녀는 이제 신앙 표현에 있어 더 이상 사회의 제약에 속박되지 않는다. 자신의 의지와 정신을 파괴하려는 사회에 대항하여 "남자처럼" 싸울 수 있다. 신앙의 힘은 또한 그녀가 중력의 경계에서 해방되어 공중에서 이집트인을 몰아붙여 그를 땅에 쓰러

뜨리게 할 만큼 강력하다. 첫 번째 꿈에서 용 머리를 밟고 사다리에 발을 올려 하늘에 오른 것처럼, 페르페투아는 승리의 증거로서 또한 죽음을 넘어 삶의 문을 향하는 새로운 이동의 첫발을 내딛는 상징으로서 이집트인의 머리를 밟았다.

페르페투아는 다음날 죽었다. 그녀의 꿈 일기는 카르타고의 살아남은 기독교인들 사이에서 소중한 교본이 되었고, 몇 세기에 걸쳐 죽음에 직면한 용기에 대한 감동적인 서술로 계속해서 주목받고 있다. 우리의 관점에서 보면, 페르페투아의 일기는 죽음예지 꿈과 환상에서 종종 발견되는 아름답고 감동적인 역사적 이미지, 감정, 그리고 주제를 예시해준다. 그녀의 특정 종교적 가치관을 따르든 아니든, 시간과 장소를 초월하여 적용되는 그녀의 이야기 속 진실, 당신의 죽음 여정에 도움이 되는 진실을 인식하고 희망할 수 있을 것이다.

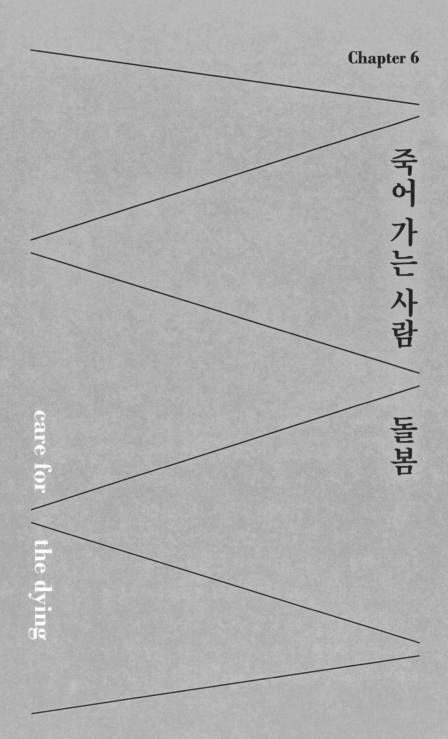

Chapter 6

죽어 가는 사람

돌봄

care for

the dying

넓은 관점

꿈은 결코 고립된 것이 아니다. 꿈은 항상 삶의 맥락 안에 있으며, 개
인의 전체 삶의 경험이 마치 직물 구조처럼 광범위하게 짜여 있다. 이
러한 관점에서 죽음예지 꿈은 다른 유형의 꿈과 다르지 않다. 이는 죽어
가는 사람의 현재 상황과 죽음 준비 과정의 일부이다.

이번 장에서 삶과 죽음의 전체적인 맥락을 살펴보기 위해 우리의 초
점을 더 확장할 것이며, 삶의 끝에 선 사람의 돌봄과 관련된 가장 중요
한 보편적 원칙을 논의할 것이다. 꿈에 세심한 주의를 기울이는 것은 이
러한 과정에서 중요한 부분이지만, 다른 많은 요소도 간과할 수 없다.
실제로 죽음예지 꿈의 가치와 힘은 죽어 가는 사람이 안전하고, 포용적
이며, 사랑받는 환경에서 돌봄을 받을 때 가장 잘 실현된다.

우리가 제안하는 연습과 방법은 긍정적인 돌봄 환경을 조성하는 수단으로 제공되며, 이는 그 자체로 죽어 가는 사람에게 앞으로 일어날 죽음예지 꿈과 비전으로부터 유익을 얻을 수 있는 능력을 향상시켜 준다. 이번 장에서 죽어 가는 사람에 대해 구체적으로 다룬다. 그리고 이어지는 페이지들에서 주인공은 바로 "당신"이 될 것이다. 우리의 가장 큰 목적은 당신이 남아 있는 삶을 책임감 있게, 이 지구에 머무르며 가능한 한 가장 의미 있고 만족스러운 결론에 이르도록 용기를 주는 것이다.

무엇이 좋은 죽음인가?

여기서 기본 전제가 되는 것은 "좋은 죽음"에 대한 토대를 마련하기 위해 미리 죽음 전 몇 주와 며칠의 시간을 가정해 보는 것이다. 무엇이 좋은 죽음을 만드는가? 이는 몇 가지 특성을 포함한다. 평안함, 고통의 조절, 중요한 기억에 대한 성찰(행복하고 슬픈 경험 모두), 다하지 못한 일의 마무리, 사랑하는 사람과의 친밀감, 사업 정리, 계획된 장례식, 불편한 관계였던 사람들과 화해 등이다.

좋은 죽음에 있어 핵심적인 요소는 존엄이다. 이는 사람들이 계속해서 당신을 존중하고, 사적인 영역을 지켜주고, 돌봄 과정에 관한 당신의 의사 결정을 존중해 주는 것이다. 예를 들어, 죽음이 언제 다가오고 무엇을 대비해야 하는지 지속적으로 고지받아야 한다. 또한 통증 완화를 위해 적절한 조치를 받아야 한다. 죽음의 장소, 집이나 병원 혹은 어떤 곳이라도 선택할 수 있어야 한다. 원한다면 언제라도 감정 돌봄 혹은 영적 돌봄을 받을 수 있어야 한다. 마지막 여정에 함께하는 사람들에게 작별 인사를 할 수 있어야 한다. 재정적 문제와 사업 등과 관련하여 남기고 싶은 내용 작성을 위해 도움을 받아야 한다.

여기에 좋은 죽음을 위해 당신이 생각하는 몇 가지 특성을 더 추가해 보기를 권한다. 사람은 각기 다양하다. 그러기에 각자 나름의 독특한 방식을 택한다. 좋은 죽음을 위해서는 단 한 가지 완벽히 설계된 방법이 있는 것이 아니고, 모든 것에 딱 들어맞는 공식이 있는 것도 아니다. 오히려 이번 장에서 우리가 제시하는 것은 당신의 개인적 상황에 맞게 적용 가능한 다양한 실천이다. 이 가운데 자신에게 특별한 열정을 불러일으키는 아이디어를 선택하고, 나머지는 그냥 흘려보내도 좋다.

돌봄을 위한 팀원을 끌어모으는 것은 자신과 사랑하는 사람의 좋은 죽음을 위한 계획 수행에 가장 중요한 일이다. 상황에 따라 당신의 팀은 다수의 사람이 포함될 수도 있고 단지 몇 명일 수도 있다. 이러한 사람들 가운데는 전문적 돌봄을 하는 의사, 호스피스 간호사, 사회복지사, 심리상담사, 종교 전문가, 법조인, 간병인, 전문 봉사자가 있어 도울 수 있다. 전문 돌봄가들 외에도 당신을 편안하게 해줄 친구와 가족을 돌봄 팀에 포함할 수 있다. 당신이 어떠한 사람들을 선택하든 말든, 우리가 목표하는 것은 평안하고 존엄한 죽음을 맞이하는 데 필요한 자원을 제공하는 것이다.

당신은 돌봄 팀의 중심이다. 당신이 책임지고, 의료 및 사적 돌봄에 세심한 관심을 기울이기 바란다. 당신이 처한 상황이 의학적으로 마지막 단계라는 것은 때때로 당신의 상태에 변화가 일어날 수 있다는 것을 의미한다. 이러한 이유로, 당신이 개발해야 할 가장 중요한 특성 중 하나는 유연성이다. 이는 변화와 적응의 의지가 포함된 계획을 세우는 것을 의미한다. 당신의 주요 협력자이자 신뢰할 만한 동반자, 당신의 필요와 관심과 감정에 대해 편안히 이야기할 수 있는 한 사람을 선택해 보라. 이 사람은 당신의 기분을 항상 추적해 가면서 병원 직원, 가족, 친구와의 의사 소통을 도울 수 있다.

옛말에 "사람은 살아온 대로 죽는다"라는 말이 있다. 만일 당신이 비교적 검소하고 조용한 삶을 살았다면, 당신의 죽음은 아마 조용하고 소박할 것이다. 당신의 삶이 "모험적"이었다면, 죽음과 그 과정도 이를 반영할 것이다. 만일 당신이 사적 혹은 가정 일에 계획적이고 엄격한 사람이라면, 죽음에 대한 접근도 마찬가지일 것이다. "그냥 되는 대로 잘 되겠지"라고 생각한다면, 삶에서와 마찬가지로 죽음도 그렇게 될 것이다. 우리 대부분은 이러한 접근 어디쯤엔가 있으며, 어떤 개인적인 성격이나 성향이 삶을 특징지었든 간에, 이는 당신이 죽기 전 마지막 며칠 혹은 몇 주간을 특징짓게 된다.

어떤 성격을 지니고 있든지 어떤 환경에 있든지, 당신은 심각하고 때론 고통스러운 도전에 직면하게 될 것이다. 또한 새로운 성장을 위한 놀라운 기회를 찾을 수도 있다. 이번 장의 핵심은 당신에게 부정적인 도전에 효과적으로 대응하고, 이를 긍정적인 기회로 활용할 수 있는 능력이 있다는 것이다. 우리는 죽어 가는 과정 중에 겪는 고통스러운 측면을 멀리하라는 것이 아니다. 좋은 죽음이라 할지라도 그것 역시 죽음이며, 궁극적으로 죽음을 바꾸기 위해 할 수 있는 일은 없다. 하지만 당신이 할 수 있는 것은 육체적 존재의 마지막 소멸이라는 죽음에 대한 절망적인 고착을 뛰어넘고, 진실하고 용기 있게, 살아온 삶의 완성된 표현으로서 죽음에 관한 당신의 견해를 깊게 하도록 노력하는 것이다.

삶의 주기 탐색

신체적 돌봄이 가장 주요한 요소가 되어야 하겠지만, 그것을 넘어서는 다른 요소도 있다. 죽어 가고 있다는 현실 인식은 과거의 경험, 관계, 성찰 등 삶 전체를 돌아보는 기회를 열어준다. 이러한 좋은 기회(갑작스럽게 죽는 사람들이 가질 수 없는)를 통해 삶을 탐색해 보기를 권면한다.

이는 당신 자신뿐 아니라 다른 사람에게도 유익이 된다. 가족이나 친구 없이 죽는 사람은 거의 없다. 대부분 어떤 방식으로든 가까운 사람들의 동반 가운데 죽는다. 사랑하는 사람에게 깊은 의미를 전해 주며, 삶의 이야기를 공유할 수 있는 몇 가지 방법이 있다. 비록 당신이 나눌 수 있는 것이 별로 없다고 할지라도(삶에 큰일이 일어나지 않았다거나 누가 내 이야기에 관심이나 가질까 생각되더라도), 가족과 친구들에게 남길 삶의 이야기가 얼마나 큰 선물이 될지 당신은 알지 못할 것이다. 여기 그러한 자기 성찰의 선물을 만들 수 있는 몇 가지 방법이 있다.

가족 건강력 기록

형제자매, 부모, 조부모에 대해 당신이 알고 있는 사항과 더불어, 당신의 신체 성장과 건강 상태를 연대기식으로 작성해 보라. 이는 당신의 삶에서 건강과 질병의 역할에 대한 새로운 관점을 제공해 줄 뿐 아니라, 미래에 가족 구성원들이 당신의 기록을 활용하여 의사의 진단을 도울 수 있는 선물이 될 수 있다.

그림 상자

그림, 스케치 혹은 만화를 통해 추억과 감정을 표현하는 것은 전문 예술가만 할 수 있는 것이 아니다. 때로는 흔들리는 손으로 연습 없이 그린 경우라도 시각적 이미지가 강렬한 추억을 전달할 수 있다. 어린 시절에 즐겼던 공원, 해변, 정원의 모습, 자랐던 집의 평면도, 옛 동네의 지도, 가장 친한 친구와 가까운 가족의 초상화, 꿈에서 보았던 환상을 그려 보라.

사진 앨범/스크랩

대부분 어딘가에 흩어져 있는 사진, 신문 스크랩, 프로그램, 편지, 공지 등으로 가득 찬 오래된 상자를 가지고 있다. 이 사진과 종이들을 살펴보는 것은 인생에서 특별히 의미 있던 순간, 지금의 당신을 만들어 준 중요한 사건, 가족과 함께 지냈던 공간을 회상할 수 있는 좋은 시간이 될 수 있다. 또한 앨범을 만들 수 있다. 이는 미래 세대를 위한 자료 보존이 될 수 있으며, 당신의 눈을 통해야만 알 수 있는 시간과 장소에 창을 제공해 줄 수 있다.

가족 이야기

모든 것을 다 알 수는 없지만, 당신의 기억은 사랑, 갈등, 성공, 실망, 여행, 발견에 관한 이야기의 보물 창고이다. 조부모가 어떻게 사랑에 빠졌는지 혹은 끔찍한 화재 후에 부모가 어떻게 극복했는지, 어려운 상황에 처했을 때 친구가 어떻게 영웅적으로 도와주었는지 등 수십 년간 들어왔던 아름다운 이야기와 삶의 지혜를 가지고 있을 것이다. 이런 많은 이야기, 단순하지만 가족에게 영감을 줄 수 있는 이야기는 그 사람이 죽은 후에는 사라지게 된다. 당신이 세상을 떠난 후, 사람들이 즐길 수 있도록 이러한 이야기를 글이나 오디오, 혹은 영상에 담을 수 있다.

목격자 보고

당신의 삶은 중대한 역사적 사건이 일어났던 시대를 통과했다. 미래 세대가 궁금해하고 알고 싶어하는 것을 목격했다. 2001년 9월 11일의 테러 공격 이후 무슨 일이 있었는가? 소비에트 연방과의 "냉전" 시대는 어떠했는가? 1969년 아폴로 우주 항해사가 달에 착륙했을 때 사람들은 어떤 느낌이었는가? 신문 기자라고 생각하고 내가 본 것과 당시 사람들의 반응을 글로 쓰거나 말해 보는 것이다. 이러한 역사적 사건에 대한 서술은 사람들에게 타임머신처럼 작용하며, 세상이 변화했던 중요한 시대의 역사적 순간으로 되돌려 준다.

기념일 축하

삶의 과정을 돌아볼 때, 당신은 계절과 주기에 따른 기념일을 겪어왔다는 사실을 깨닫게 될 것이다. 예를 들어 부활절, 크리스마스, 로쉬 하샤나, 욤 키푸르, 라마단 같은 종교와 관련된 기념일이 있으며, 새해, 독립기념일, 추수감사절, 생일, 결혼기념일 같은 세속적 기념일이 있다. 이러한 기념일에 대개는 모임을 갖고 친교를 나누며 기쁨과 불안한 감정을 경험하기도 했을 것이다. 스스로 어떤 기념일이 가장 좋았는지 왜 그런지 물어볼 수 있다. 어떤 날이 당신에게 최고의 날이었는가? 비록 달력에 표시된 일정과는 다를지라도 가족이나 친구에게 요청하여 당신이 가장 좋아하는 기념일 파티를 지금 해보는 건 어떨까? 7월의 크리스마스 혹은 4월의 추수감사절 등 사진과 장식을 준비하고, 특별한 음식을 나누고, 마지막으로 한 번 더 살아있는 기념일을 즐길 수 있다. 당신을 위한 이러한 마지막 축하 파티는 남아 있는 모든 사람에게 앞으로 지속될 그 기념일의 느낌과 분위기를 새롭게 할 기회가 될 것이다.

반려동물 연대기

가족들 삶의 일부였던 반려동물을 떠올려 보라. 우리와 삶을 공유했던 고양이와 강아지 등 인간 아닌 생명체들은 때로 가족이나 친구만큼이나 감정적으로 중요하다. 얼마나 많은 반려동물을 키웠는지, 그들과 나눈 경험, 함께했던 기쁨과 슬픔, 그리고 그들이 죽었을 때 어떤 감정을 느꼈는지 생각해 보라. 반려동물의 사진, 이름, 그리고 이야기를 모아서 작은 책자로 만들 수 있다. 당신의 죽음에 영향받을 어린아이에게 특별히 소중한 선물이 될 수 있다.

가계도 만들기

많은 사람에게, 죽음은 가족 세대 관계에 대한 새로운 인식을 불러온다. 당신의 가족 관계도 중앙에 자신을 위치시키고 가계도를 만드는 것은 의미 있는 프로젝트이다. 비록 당신과 한 번도 가깝게 지내지 않은 친척이라 할지라도(혹은 그들과 불편한 관계에 있다 할지라도), 당신의 가족이 수년간 함께해 왔고 죽음 이후에도 계속될 출생, 결혼, 죽음의 측면에서 풍성한 대인 관계망을 조명해봄으로써, 당신의 죽음 경험에 관한 새로운 관점을 얻을 수 있다. 이 프로젝트를 위해 다양한 방법을 활용할 수 있다. 종이에 그리거나 퀼트 혹은 직물에 수를 놓을 수 있으며, 특별한 소프트웨어나 인터넷을 활용하여 컴퓨터에 저장할 수도 있다. 가족들이 기꺼이 당신을 도와줄 것이다.

당신의 물건 처리하기 ●

당신은 이삿짐 트럭이 영구차를 바짝 따라붙는 장면을 결코 보지 못했을 것이다. 삶은 구입과 소비로 가득 차 있다. 하지만 우리가 소유한 물질은 그 어떤 것도 죽음과 함께 가져갈 수 없다. (물론 일부 문화권, 특히 고대 이집트인들은 죽은 자에게 죽음의 세계로의 여행에 필요한 물건과 보물을 한가득 제공하는 다른 신념을 가지고 있다.) 당신의 "물건들"을 어떻게 해야 할 것인가는 많은 사람에게, 가족과 친구들 사이에 혼란, 불안, 갈등의 물결을 일으키는 복잡한 문제이다. 이 질문에 대해 주의를 기울임으로써 좋은 죽음을 준비할 수 있는 능력이 향상될 것이다. 이상적으로는 주 돌봄자와 상의하는 것이지만, 최종 결정을 내릴 책임은 언제나 당신 몫이다.

당신이 소유한 모든 것은 당신의 재산을 구성한다. 누군가 당신의 재산 "처분" 계획의 필요성에 대해 미리 이야기했기를 바란다. 이 끔찍한 법률 용어는 종종 사람들을 절망에 빠뜨리기에 충분하다. "평생 이 귀중한 재산을 모으고 모은 후, 이제 그것은 단지 처분할 것인가?" 이러한 물질 상실에 대한 심각한 감정은 수많은 세부 사항을 고려해야 한다는 자각과 함께 더 복잡해진다. 비록 당신이 그리 큰 재산을 가지고 있지 않다고 해도 모든 것을 잘 정리한다는 것은 힘겨운 일이 될 수 있다.

다시 말하지만, 당신의 주 돌봄자와 돌봄 팀 내 신뢰할 만한 사람이 도움을 줄 수 있다. 변호사는 유언장 작성이나 수정을 도와줄 수 있다. 세무사는 사업과 세무 관련 문제들을 살펴봐 줄 수 있다. 의학적 상태가 허락하는 한, 당신 스스로 이러한 정리를 할 수 있는 시간을 가짐으로 만족스러운 결과를 얻을 수 있다. 이러한 과업을 완수하는 것은 당신의 마지막 남은 날들을 평안하게 해줄 것이다.

이 모든 것을 "처분"의 문제로 생각하는 대신, 기부와 나눔의 향연이라는 측면에서 보는 것도 좋다. 사실 극도로 소비주의적인 세상에 사는 우리에게 상상하기 힘든 일일 수 있지만, 당신의 물건을 사람에게 나눠 줄 때 깊은 행복과 유익이 찾아온다. 이와 관련한 멋진 예는 북서태평양 연안의 토착 원주민 사이에서 행해지는 포틀래치(potlatch) 전통이다.

이 공동체의 구성원은 자신이 소유한 모든 것을 나눌 수 있는 성대한 파티를 여는 일에 열심을 보인다. 자기희생적인 관대함이 클수록 주최자는 더 고귀한 존재로 존경을 받는다. 이제 당신은 의학적 건강 상태 덕분에 당신만의 포틀래치를 주최할 기회를 얻게 되었다. "처분"이 필요한 재산을 마지막 남은 날들 동안 의미를 만들고 사랑하는 사람과 결속을 다질 수 있는 창조적 능력의 또 다른 표현으로 바꿀 수 있다.

초기 단계에서 고려해야 할 것은 당신이 소유한 모든 것이 어디에 있는지 목록을 작성하는 것이다. 어리석게 들릴지 모르지만, 오랜 저축예금, 금고, 서랍, 상장 등 숨겨진 귀중품에 대해 누구에게도 말하지 않고 죽어 가는 사람이 상당히 많다. 얼마나 많은 사람이 죽은 후에야 우연히 발견되는 가치 있는 물건을 숨기고 있었는지 놀랍기만 하다. 실수로 얼마나 많은 귀중품이 버려지고 있는지 누가 알 수 있겠는가? 이러한 목록과 더불어 당신의 유언이 원하는 방식으로 작성되었는지 확인하고 가족이 걱정하지 않도록 잘 알려주라. 유언장은 손으로 작성한 자필증서일수 있고, 수백 장에 달하는 복잡한 법적 공중 문서일 수 있다. 유언장 작성에 궁금한 점이 있다면 주저하지 말고 도움을 요청하라.

텔레비전 드라마를 본 사람이라면 누구나 알 수 있듯이, 가족은 불분명하거나 불완전한 유언을 놓고 심각한 싸움을 벌이며 이를 뒤집기도한다. 가족에게 줄 수 있는 진정한 선물은 소유물 분배에 대한 당신의소망을 직접적이고 결정적으로 표현하는 것이다. 그럼에도 논쟁이 있을수 있지만, 어쨌든 당신은 최선을 다한 것이다.

대부분 가족은 당신을 기억하기 위해 집 안에 있는 어떤 특별한 물건을 소유하고 싶을 것이다. 그림이나 가구처럼 큰 물건일 수 있고, 책이나 시계, 꽃병 같은 작은 물건일 수도 있다. 누구에게 무엇을 줄지 결정이 됐다면, 목록을 작성하여 주 돌봄자에게 건네주거나 유언장에 덧붙일 수도 있다. 만일 어떤 물건에 담긴 특별한 사연이나 의미를 말해 준다면, 그 물건에 소중함을 더해 줄 것이다. 어떤 것은 결혼 선물이거나특별한 여행에서 얻은 것, 혹은 삶의 특별한 순간의 기억이 담긴 것일수도 있다. 어떤 것은 목각, 그림, 뜨개질처럼 당신이 손으로 직접 만든것일 수도 있다. 그것이 무엇이든 어디서 얻었든지 간에, 이러한 선물은당신의 육체적 죽음 이후에 오랫동안 당신과의 감정적 결속을 이어줄것이다.

수십 년 전, 친척 어르신들로부터 생을 기념할 특별한 물건을 받은 적이 있는가? 그것은 먼 친척의 초상화나 웨딩드레스 혹은 가족 성경일 수도 있다. 그렇다면 이제는 가족의 전통이 된 그 보물을 잘 돌보고 다음 세대에게 전해 줄 새로운 사람을 선택하라.

마지막으로, 반려동물이 있다면 당신이 세상을 떠난 후에 어떻게 돌보길 원하는지 알려주라. 우리의 동료 생명체를 "물건"처럼 생각하는 것을 좋아하지 않지만, 그들은 당신이 남길 유산의 일부이며, 재산 계획을 세울 때 그들의 지속적인 행복을 위한 당신의 생각을 포함시켜야 한다. 그들이 사랑스럽게 돌봄을 받을 것이라는 사실을 아는 것은 마지막 남은 날을 더욱 만족하게 할 것이다.

화해 ●

우리는 살면서 한두 번쯤 심각한 다툼을 겪게 된다. 어쩌면 비교적 최근에 그랬을 수도 있고, 때로는 오래전부터 지속되어 온 분쟁일 수도 있다. 좋은 죽음을 경험하기 위해서는 공개적으로 정직하게 이러한 분쟁을 마주하고 상처받은 감정과 화해를 시도할 수 있어야 한다.

어쩌면 용서를 구해야 할 수도 있고, 용서를 해야 할 수도 있다. 누군가를 고통스럽게 했던 일에 대해 책임져야 할 수도 있고, 당신에게 가해졌던 고통스러운 일에 대해 언급해야 할 필요도 있다. 당신과 다투었던 사람이 가까운 곳에 있거나 먼 거리에 있을 수도 있고, 이미 세상을 떠났을 수도 있다. 어떠한 상황이든 간에 당신이 직접적이고 적극적으로 좋지 않은 감정을 해결하고자 노력한다면, 평화로운 삶의 완성을 이루는 데 큰 도움이 될 것이다.

가장 좋은 방법은 먼저 당신의 주 돌봄자나 신뢰할 만한 누군가에게 가장 심각한 불화를 겪고 있는 사람에 관한 이야기를 꺼내는 것이다. 어떻게 다툼이 시작됐고, 이를 해결하기 위해 어떤 노력을 기울였는지 가능한 한 정직하게 묘사할 수 있다.

다음은 이러한 상황을 회복하기 위해 지금 할 수 있는 일을 생각해 보라. 그것은 편지일 수 있고, 전화나 개인적인 만남일 수도 있다. 상대방이 당연히 답장하거나 보답할 것이라고 기대하지 말라.

만일 그가 재결속을 위한 당신의 초대를 거절한다면, 그냥 내버려 두라. 당신 편에서 할 수 있는 일을 했고, 나머지는 당신의 손을 떠난 것이다. 하지만 많은 경우 상대방은 긍정적으로 당신의 노력에 응할 것이며, 관계를 회복할 기회에 진심으로 감사할 것이다. 어떤 경우에는 당신 혹은 상대방에게 일종의 보상이 필요할 수도 있다. 일어난 일에 대한 당신의 책임을 받아들이고, 잃은 것에 대해 최선을 다해 보상해 주라.

때로 당신이 화해해야 할 대상은 사람이 아니라 신적 존재일 수 있다. 티쉬는 호스피스 환자들 가운데 에드나(Edna)라는 조용하고 자신의 상황에 대해 성숙한 이해력을 지닌 여성을 방문한 적이 있다. 그녀는 죄인을 처벌하시는 하나님에 대한 어린 시절의 종교적 신념 때문에 영적으로 몹시 힘들어하고 있었다. 그래서 하나님이 언급될 때마다 감정적으로 불편했지만, 그 이유를 말할 수 없었다.

티쉬는 그녀에게 자신과 연관이 있다고 느껴지는 예수의 스토리를 성경에서 하나만 떠올려 보라고 물었다. 에드나가 선택한 것은 마태복음 26장에서 예수에게 값비싼 향유 옥합을 깨뜨려 머리에 부은 이름 없는 여성의 이야기였다. 주변의 몇몇은 그 귀한 향유를 낭비했다고 꾸짖었지만, 예수는 그녀를 용서하며 "아름다운 일"을 했다고 칭찬했으며, 여인이 행한 일이 기억될 것이라고 말했다. 티쉬는 이 이야기 중 어떤 부분이 의미 있게 느껴졌는지 물었다. 그녀는 용서하시는 하나님이라고 대답했다. 그것은 그녀가 삶에서 한 번도 느껴보지 못한 것이다.

또한 그녀는 계속해서 어린 시절 자신과 여동생을 학대한 부도덕한 술주정뱅이 아버지를 미워했던 일에 관해 이야기했다. 주일학교를 다니기 시작한 어린 시절, 선생님은 부모를 공경하고 순종하라고 가르쳤지만, 그 가르침을 따를 수 없었다.

아버지의 잔혹함을 용서할 수 없었다. 그녀가 여덟 살 때 아버지가 죽었고, 그녀와 여동생은 먼 친척에게 맡겨졌으며, 그 후 다시는 교회를 다니지 않았다. 수십 년의 시간이 지난 후, 이제야 에드나는 아버지를 공경하지 못한 것과 하나님의 분노에 대한 기억으로 몹시 시달리게 되었다. 어린 시절, 죽음은 신실한 사람과 그렇지 못한 사람을 판단하고 심판하는 때라고 배웠다. 이제 그녀는 죽을 때가 가까워졌고, 자신 같은 죄인을 위해 기다리고 있는 심판에 두려워할 수밖에 없었다.

몇 번의 방문이 지속되는 동안, 티쉬와 에드나는 종교적 신념에 대한 성찰을 나누었다. 그녀의 정신이나 성격적 측면은 성숙과 성장이 지속된 반면, 왜 신앙적 성숙은 여덟 살에 머물게 되었는지에 대해 이야기했다. 동시에 보호자로서 하나님 형상, 긍휼이 많은 동반자, 자비로운 구원자를 포함하여 성경에 나오는 하나님의 다양한 형상에 관해 이야기했다. 그들은 특히 예수께서 어린이들에게 보여주신 사랑에 대해 나누며, 어린아이들은 믿음과 사랑으로 양육되고 결코 학대받지 않아야 한다는 예수의 가르침에 초점을 두었다.

에드나는 결국 죄책감과 수치심에서 벗어나 자신을 향한 긍휼함을 느낄 수 있었고, 하나님의 자비와 은혜를 받아들이며 종교적 시각이 넓어진 것을 알 수 있었다. 오랫동안 품어왔던 하나님에 대한 분노를 솔직하고 정직하게 표현할 수 있었다. 그런 후에야 비로소 하나님의 자비에 대한 확장된 믿음에 기대어 깊은 상처를 치유받을 수 있었다.

에드나와 티쉬는 새롭게 등장한 화해와 치유의 감정을 분명히 하기 위한 방법으로 향유를 부은 여인의 이야기를 재연해 보기로 했다. 소중한 기름을 부은 후, 에드나는 하나님의 빛 안에 새로운 평화를 상징하는 작은 촛불에 불을 밝혔다. 그녀가 죽기 전까지 십 일 동안 촛불을 끄지 않았다. 그녀의 남편은 그러한 조용한 화해 의식에 참여했으며, 장례식에서 모든 사람이 볼 수 있도록 다시 촛불을 밝혀 놓았다.

영적 돌봄

죽음의 시간이 가까워지면 점차 삶에 대한 커다란 질문에 관심을 둔다. 삶의 목적은 어디에 있는 것일까? 내가 성취한 삶이 어떤 의미와 가치가 있을까? 죽음 이후에 삶이 존재할까? 어떤 모습일까? 신적 존재가 있을까? 이생에서 가졌던 성격과 행동이 죽음 이후 일어날 일에 영향을 주는가?

종교 신앙을 가지고 살아왔던 사람들은 기도와 위안을 얻기 위해 랍비, 목사, 신부 등 영적 안내를 받을 수 있는 성직자들을 찾아갈 수 있다. 대부분 종교 기관은 죽어 가는 사람과 가족을 돌보기 위해 특별한 훈련을 받고 헌신한 사람들이 있다. 만일 신앙 공동체의 일원이라면 이러한 사람들을 당신의 돌봄 팀에 포함될 수 있도록 요청하는 것이 좋다.

이때 주의해야 할 점이 있다. 마지막 남은 날 동안 동반할 사람을 결정하는 것은 바로 당신이라는 사실을 기억해야 한다. 개인의 영적 통합은 존중되어야 하며, 특정 종교를 위해 방문하는 사람을 원하지 않는다면, 가족이나 간병인은 그러한 소망을 존중해야 한다. 특별히 침대나 방 안에 갇힌 채 결코 원하지 않는 설교나 종교적 대화에 포로가 되어서는 안 된다.

다른 한편, 당신이 영적인 문제에 대해 누군가와 이야기하고 싶다면 그렇게 할 수 있도록 허락되어야 한다. 비록 이전에 한 번도 이러한 문제에 관심을 보인 적이 없고, 가족들이 당신이 원하는 일에 동의하지 않는다고 할지라도 여전히 영적 상담에 특별히 훈련받은 사람을 만날 기회를 가질 수 있어야 한다. 실제로 대부분의 병원과 호스피스 기관에는 이러한 당신의 요청을 들어줄 상담사와 성직자가 있다.

이것이 바로 티쉬가 속한 호스피스 팀에서 그녀가 맡은 역할이다. 그녀는 영성에 관해 이야기하고 싶지만 특정 종교 전문가를 알지 못해 도움받을 수 없는 환자들의 요구에 응한다. 티쉬의 전문적인 직업은 원래 "채플린"이란 이름이었지만, 최근에는 "영적 돌봄 전문가"로 활동하며 다양한 종교적 배경을 가진 사람이나 종교가 없는 사람과 영적인 문제를 성찰하고 이야기를 나눈다.

티쉬는 누군가를 만날 때마다 가족의 신념, 그들의 의례나 가르침, 신성에 관한 생각에 대해 일차적으로 질문하면서, 영적 배경에 대해 스스로 설명할 수 있도록 노력한다. 그들에게 기도나 묵상을 한 경험이 있는지, 그렇다면 어떤 방식이었는지 묻는다. 그녀는 죽어 가는 사람 스스로 그 과정을 인도하도록 허용하면서, 그들이 어떤 신적 존재감을 느꼈을 때 혹은 그 존재가 결여된 느낌을 함께 성찰하면서 죽어 가는 과정을 이끌도록 격려한다.

이 모든 논의는 점차 그들 삶의 영적 영역에 대한 선명한 인식으로 이끌며, 마지막 성장과 깨달음의 가능성을 위한 새로운 통찰을 줄 것이다. 이 과정이 어디로 향하게 될지 예측할 수 없지만, 티쉬가 발견한 것처럼 이러한 전개를 촉진하고 격려할 수 있는 다양한 방법이 있다. 그것은 바로 돌보는 사람의 개인적 견해가 아닌, 죽어 가는 사람 개인의 영적 안위에 초점을 맞추는 것이다.

죽음을 선택하기 ●

아마 죽어 가는 사람이 직면하는 가장 큰 영적 위기는 자살에 대한 질문일 것이다. 실제로 매우 많은 사람이 말기 진단을 받고 자살을 떠올린다. 불안한 생각은 이런 식으로 표현된다. "더 이상 누구에게도 소용이 없어." "이 모든 고통이 무슨 의미가 있단 말인가? 어쨌든 내 삶은 다 끝났어." "이건 어차피 내 인생이야. 내가 선택할 때 죽을 수 있어."

가족이나 친구는 안심되는 말로 당신을 설득하려 노력할 것이고, 지나치게 걱정이 된다면 실제로 당신 스스로 삶을 끝내는 것을 막기 위해 감금이라도 할 것이다. 두말할 필요도 없이 죽음을 앞둔 당신뿐 아니라이 상황에 있는 모든 사람에게 일어날 수 있는 최악의 시나리오다.

죽음에 가까운 사람의 자살에 관한 견해는 다양하다. 경험한 바에 의하면, 죽음 전 며칠 혹은 몇 주는 매우 중요한 배움의 시간이다. "인생의 모든 것을 종합하고", 미래에 관해 이야기 나누며, 작별 인사를 할 수 있는 소중한 시간이다. 비록 외로움, 고통, 절망의 환경에 처해 있다 할지라도 그러한 가능성은 항상 열려 있다.

티쉬는 자살하겠다고 반복적으로 위협하는 남편 때문에 고통스러워하는 한 아내의 방문 요청을 받은 적이 있다. 평생 가톨릭 신자로 살아온 샤론(Sharon)을 만났을 때, 눈물을 쏟아내며 남편 폴(Paul)이 지옥에 가게 될 것이고, 영원히 그를 잃게 될 것이라고 말했다. 폴은 가톨릭 신자가 아니었고, 종교에 관심을 보인 적도 없었다. 그는 삶을 스스로 끊을 수 있는 완벽한 권리가 자신에게 있다고 계속해서 말했으며, 아무도 말릴 수 없었다.

샤론은 자살하면 지옥에 가게 된다는 사실을 남편에게 말해 달라고 간청했다. "그는 자살해서는 안 돼요." 그녀는 울부짖으며 말했다. "그것은 하나님이 금지한 거예요!" 티쉬는 폴을 만나보겠다고 말했으며, 샤론은 그의 방으로 안내했다.

폴은 마르고 수척해 보였으며, 더 이상 스스로를 돌보기 힘든 상황임이 분명해 보였다. 하지만 휠체어에 편안히 앉을 수 있을 정도의 힘이 남아 있었고, 밝은 눈빛과 미소로 티쉬를 맞이했다. 티쉬는 아내의 요청으로 왔으며 자살 위협에 관해 이야기 나누기 원한다고 말했다. 그의 미소는 갑자기 사라졌고 언짢은 듯 인상을 찌푸렸다.

"자살에 대한 당신의 믿음은 무엇인가요?" 그가 물었다. 티쉬는 쉽지 않은 자리에 있다는 것을 직감했으며, 곧이어 대답했다. "우리가 여기서 저의 믿음에 대해 함께 이야기 나누는 것으로 시간을 보낼 수도 있겠지만, 저는 당신이 그간 어떻게 지냈는지 듣고 싶습니다. 마음은 좀 어떠세요?" 폴은 신체적으로는 마지막에 가까운 것 같고, 하루하루 더 약해지는 느낌이라고 대답했다. 통증 조절에 관해, 그는 많은 약을 제때 챙겨 복용하는 것이 쉽지 않다는 점 외에 큰 불만은 없다고 말했다.

티쉬는 그가 처한 상황 가운데 가장 최악이라고 생각하는 것이 무엇인지 물었다. 그는 즉각적으로 대답했다. "이제 우는 것도 지겨워요!" 폴은 그저 방에 앉아 아무것도 하지 않고 있는 자신의 절망감을 쏟아냈다. 더 이상 읽을 수도 없고, 텔레비전을 보는 것도 싫고, 주변을 소란스럽게 하는 일가친척의 방문에도 지쳤다. 모든 것이 귀찮고 짜증이 났다. "이제 더 이상 할 게 없어요." 그는 반항적인 말투로 결론을 내었다. 결론에 함축된 의미는 분명했다. 자살은 그 상황에서 찾은 그럴 듯한 선택이었다.

티쉬는 현재 삶이 얼마 남지 않은 상황에서 특별히 하고 싶은 것이 있는지 물었다. "무슨 의미지요?" 그가 물었다. "글쎄요. 당신에게 남은 시간 동안, 모든 종류의 가능성이 열려 있지요. 혹시 누군가 이야기 나누고 싶은 사람이 있나요? 또는 평소 좀 더 알고 싶었던 질문이 있나요? 그밖에 어떤 것이라도." 폴은 잠시 생각에 잠겼다. "그럼," 마침내 입을 열었다. "당신이 영적 자문 같은 걸 하는 분이라면, 성경에 대해 잘 알겠지요. 저는 종교적인 사람은 아닙니다. 게다가 성경은 한 번도 읽은 적 없지요." 그는 마치 그녀에게 도전이라도 하는 듯 뚫어지게 쳐다보면 말했다. "하루에 한 번 제게 와서 한 시간 동안 성경 이야기를 들려주실 수 있나요?" 티쉬는 기꺼운 마음으로 대답했다. "그럼요!"

그 후 두 주 동안, 티쉬는 최선을 다해 성경의 주요한 이야기들을 들려주었다. 그는 항상 경청했으며, 이따금 질문했지만 대부분 듣기만 했다. 폴이 새로운 배움과 더 넓은 이해를 경험하고는 있지만, 그에게 일어나는 것이 공식적인 개종과는 다르다는 것을 느꼈다.

그는 갑자기 기독교인이 되지 않았다. (샤론은 계속해서 사후 영혼에 대해 두려워했다.) 하지만 티쉬에게 더 중요한 것은 그가 마지막 날들을 보내며 영적으로 지속해서 성장하고 있다는 사실이었다. 그는 죽어 가는 과정을 기회 삼아 마음을 열고, 정직하게 인생의 오랜 갈등과 마주하였다.

그는 아내를 비롯해 가족이 성스럽게 여기는 이야기를 듣기로 결심했으며, 이는 어쩌면 생애 처음으로 자신의 영혼에 감추어진 갈망을 표현한 것일지도 모른다. 그는 티쉬가 마지막으로 방문하고 난 일주일 후 죽었고, 샤론은 자연스러운 죽음을 맞이한 것에 감사했다. 그녀는 티쉬에게 장례식을 인도해 달라고 부탁했고, 이를 영광스럽게 받아들였다.

허밍버드

죽음을 이처럼 신비로운 현상으로 만드는 것은 삶이 마지막에 이를 때 예기치 않은 새로운 삶이 출현한다는 사실에서 비롯된다. 마지막 남은 날의 명백한 무의미함으로부터 더 넓은 관점과 깊은 이해를 열어주는 놀라운 변화가 일어난다. 아무리 다른 사람이 보기에 이상하거나 기괴한 것처럼 보일지라도 그러한 변화를 기꺼이 수용하려는 마음이 있다면, "좋은 죽음"을 경험할 수 있다. 이처럼 생의 마지막에 자발적이고 창의적인 꿈, 비전, 소망의 이끌림을 따르는 것보다 더 의미 있는 일은 없을 것이다.

티쉬는 베티(Betty)라는 한 노인 여성을 방문한 적이 있다. 딸은 베티가 종교적인 사람이 아니었는데 최근 계속해서 "뭔가 본다."라고 말했으며, 엄마에게 무슨 일이 일어나고 있는지 알게 해 달라고 요청했다. 티쉬가 베티의 아파트에 도착했을 때 문 앞에 있는 쪽지를 발견했다. "그냥 들어오세요." 집에 들어서자, 오래된 음식과 환자 냄새로 뒤섞인 작고 어두운 방이 보였다. 어둠침침한 빛에 눈이 적응될 무렵, 티쉬는 오래된 안락의자에 앉은 채 가까이 다가오라 손짓하는 한 여인을 발견했다.

베티는 안구암으로 고통받고 있었으며, 오른쪽 얼굴은 이로 인해 크게 손상되어 있었다. 티쉬가 가까이 다가가 앉자, 곧 이야기가 시작되었다. 베티는 자신이 살아온 "거친 삶"에 대해 아무런 변명도 하지 않았다. 티쉬는 다채로운 욕설로 가득 찬 이야기에 깜짝 놀랐다.

베티는 모든 지역의 술집을 정기적으로 다니며 "모든 것을 보았고," 자신이 어떻게 말하는지, 무엇을 마시는지, 누구랑 자는지에 대해 비난하는 사람들을 전혀 신경 쓰지 않았다. 그녀는 가족이 그들의 종교적 도덕 규범을 깨트린 삶을 산 그녀를 "희망 없는 술꾼"으로 여긴다는 사실을 알고 있었다.

티쉬는 베티의 행동에 대한 도덕적 평가나 판단을 피하면서, 그녀가 "보고 있는" 이상한 것이 무엇인지 물었다. 베티의 멀쩡한 한쪽 눈이 번뜩였다. "꿈에서 새들을 보기 시작했어요." 그녀가 말했다. "그리고 잡지에서 같은 종류의 새를 발견했어요. 내 딸 쉐리(Sherry)에게 색연필과 종이를 가져다 달라고 부탁해서 그 새의 모양을 그려봤어요."

베티는 테이블 가까이에 기대어 몇 장의 그림을 집어 건네주었다. 거기에는 여러 종류의 밝은 색 허밍버드들이 정원의 꽃들 사이를 훨훨 날고 있었다. 어둡고 칙칙한 아파트와 대조되는 허밍버드의 화려한 색조에 놀란 티쉬는 그 새가 어디에서 왔다고 생각되는지 물었다. 베티는 자신의 궁금증과 더불어 대답했다. "제 안에 그러한 영적 감성이 숨겨져 왔던 것이라 생각하는 건가요?"

그들은 새를 비롯하여 그녀를 은유적으로 상징할지도 모를 모든 것에 관해 오랫동안 이야기 나누었다. 베티는 가벼움, 공기, 자유, 그리고 점점 더 괴상한 상태로 변해 가는 자신의 육체적 고통에 관해 이야기했다. 그녀는 시간이 지나면서 문자 그대로 점점 더 가벼워지고 있었다. 먹는 것을 중단하였고, 신체적으로 자신을 황폐하게 만들고 있었다.

하지만 계속해서 새들을 보았으며, 그것을 그림으로 그리고 있었다. 티쉬는 가족에게도 그림을 보여줄 것을 권면했다. 쉐리와 가족은 티쉬가 그랬던 것처럼 놀라워하며 무척 기뻐했다. 또한 진기하고 경이로운 그녀의 그림은 모든 사람의 마지막 방문에 의미 있는 초점이 되었다.

그녀는 죽기 전, 세례를 받고 싶다고 말했다. 가족은 기뻐하였고, 곧바로 그녀의 희망에 따라 아름다운 야외 세례식을 준비했다. 베티는 어두운 아파트에서 잔디밭으로 나와, 가족과 친구들이 지켜보는 가운데 암으로 손상된 얼굴 위를 덮는 거룩한 물로 세례를 받았다.

이것은 참여한 사람들에게 강렬한 인상을 주었고, 그녀의 꿈과 깨어 있는 삶에서 본 비전은 그녀에게 완전히 새로운 차원의 중요성과 가치를 부여했다. 전통적 종교 의례로서 세례의 기능이 무엇이든 간에, 베티

에게 세례는 놀랍도록 깊은 의미가 있었다. 그야말로 베티는 야외에서
햇볕을 쬐며 마지막 목욕을 한 아름다운 새 그 자체였다.

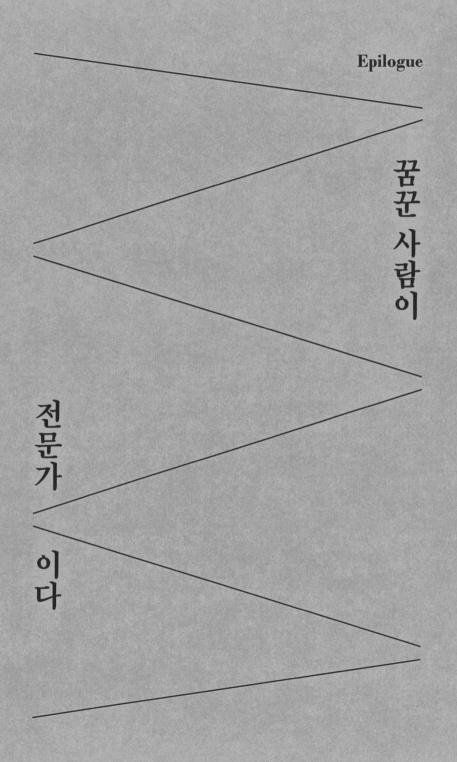

꿈꾼 사람이

전문가

이다

Dreaming Beyond Death
A Guide to Pre-Death Dreams and Visions

이 책에서 권면하는 것은 특별한 비용, 훈련, 전문 지식 혹은 기술을 요구하지 않는다. 우리가 옹호하는 돌봄의 방법은 간단하다. 그저 꿈을 성찰하고 사람들과 공유하는 것이다. 전문치료사나 상담사 혹은 꿈 해석 집단의 도움을 받는 것이 도움이 될 수 있지만, 사실 자신의 꿈을 이해하기 위해 큰 도움이 필요하지는 않다.

우리는 정말로 이것을 강조하고 싶다. "당신은 자신의 꿈을 스스로 이해할 수 있다." 인간은 모두 자연적으로 꿈꾸는 자이며, 자신의 꿈을 이해하고 그로부터 가치 있는 교훈을 배울 수 있는 고유한 능력을 타고났다. 우리 자신이 꿈의 의미를 분별할 수 있는 최고의 전문가이다.

앞으로의 과제

특별히 정서적 지원과 관련하여, 미국의 말기 환자 중 소수만이 적절한 생애 말 돌봄을 받는다. 미국의학협회 저널(Journal of the American Medical Association)에서 발표한 최근 연구에 의하면, 미국인의 70%가 마지막 남은 날을 보내는 병원과 요양원에서는 죽어 가는 환자를 위한 충분한 존중이나 공감, 환자와 의료진들 간에 따뜻한 관계를 제공하지 못한다고 한다. 호스피스 돌봄을 받거나 그렇지 않더라도 집에서 죽는 사람들은 그나마 나은 형편이지만, 이 경우에도 적절한 돌봄을 받지 못하는 사람들이 널리 퍼져 있다.

이런 상황에 더욱 경각심을 가져야 하는 이유는, 모두가 아는 것처럼, "베이비 붐 세대"로 알려진 대규모 인구 그룹이 고령에 도달하고 있으며, 이를 감당할 의료 체계는 더 큰 부담을 안고 있기 때문이다. 경이로운 현대 의료 기술의 발전에도 불구하고, 많은 사람에게 "좋은 죽음", "존엄한 죽음"에 대한 기본 조건이 제공되지 않는다는 것은 놀라운 일이다. 위기를 해결하기 위한 쉬운 방법은 없다. 다차원적으로 의료 체계의 상당한 개선이 이루어져야 하며, 필요로 하는 사람에게 통증 완화 치료와 다른 편의를 제공하기 위해 더 많은 노력을 기울여야 한다.

그밖에 죽어 가는 사람을 돌보는 직업에 종사하는 사람들의 '치료의 질'이 향상되어야 한다. 사전완화치료(Advance Palliative Care) 센터의 소장 다이안 마이어(Diane Meier) 박사는 위에서 언급한 의학협회 저널(JAMA)의 한 논평에서 말했다. "가장 필요한 것은 그들이 말하는 고품질의 돌봄 체계를 세우는 것이다. 이는 인간으로 존중받고, 그들의 요구가 수용되고, 그들의 말이 경청되는 것이다."[45]

우리가 이 책에서 묘사한 꿈에 대한 성찰은 메이어 박사가 밝힌 요구와 정확히 일치한다. 꿈을 나누는 것은 정직, 존중, 공감의 성숙한 환경을 조성하는 데 매우 효과적이다. 만일 우리 사회의 목적이 죽어 가는 환자의 감정적인 요구에 적절한 도움을 제공하는 것이라면, 그 목적을 발전시키기 위해 할 수 있는 쉬운 방법 가운데 하나가 죽어 가는 사람과 돌봄 제공자들에게 꿈에 더 많은 관심을 갖게 하는 것이다.

이미 말했던 것처럼 이를 위해 기술적인 훈련이나 특별한 비용이 필요한 것이 아니다. 또한 이 분야와 관련된 전공자나 특정 심리상담 학과에 속할 필요도 없다. 정말 필요한 것은 열린 마음, 정직한 관심, 자신에 대해 뭔가 새로운 것을 발견하고자 하는 자발성이다.

방법들 요약 ●

이제 지금까지 우리가 논의해 왔던 꿈 탐색 과정으로 되돌아가 보자. 먼저 꿈꾸는 자로서 당신의 삶을 성찰해 보기 바란다. 어떤 이유든지 당신의 삶에서 오랫동안 마음속에 남아 있는 가장 기억할 만한 꿈들을 마음에 되새겨 볼 잠깐의 시간을 가져보라. 아마 당신은 한두 가지 정도의 꿈을 기억할 것이다. 그래도 괜찮다. 중요한 것은 삶의 관점에서 그 꿈에 대한 당신의 인식을 여는 것이다. 당신은 매일 밤마다 항상 꿈

---

45) Teno et al. 2004.

을 꾸어 왔다. 이제 당신 삶의 가장 강렬한 감정, 소망, 두려움, 희망에 대한 값진 해설서로서 당신이 기억하고 있는 꿈들을 생각해 볼 기회 앞에 서 있다.

다음으로, 새로운 꿈에 귀를 기울여 볼 수 있다. 이 책을 읽게 되면서 기억나는 꿈의 수가 늘어난 것을 경험하게 될 것이다. 꿈의 상상력은 우리가 관심 가져 주길 간절히 바라는 것 같다. 그러기에 적극적으로 꿈을 인식 안으로 받아들일 때, 그 반응은 때로 상당히 강력하다. 꿈을 기록하는 연습은 기억을 보존할 뿐 아니라, 반복되는 주제, 이미지, 감정에 대한 일련의 꿈 전개를 관찰할 수 있기에, 꿈 일지(journal) 혹은 꿈 일기(diary)를 지속해서 작성하는 것은 큰 도움이 될 수 있다.

신뢰할 만한 사람과 당신의 꿈을 나누어 볼 것을 권면한다. (또한 가능하다면, 주변의 돌봄자들을 초청하여 죽어 가는 사람과 그들이 꾼 꿈을 나누는 것도 좋다.) 꿈에 관해 대화하는 것은 '중요하지만 표현하기 힘든 감정'을 이야기하기 위한 강력한 방법이다. 다른 사람과의 논의가 "꿈의 의미"를 찾도록 이끌든 아니든 간에, 당신은 정직한 감정과 사적인 친밀감을 나누는 이러한 열린 소통을 통해 분명히 유익을 얻을 것이다.

가장 확실한 것은, 당신은 꿈 나눔 이상의 값진 것을 얻을 것이다. 사람들의 반응과 대답은 꿈의 의미에 대한 대안적인 해석 가능성을 제공하고, 꿈에 대한 전반적인 이해를 풍성하게 할 것이다. '당신의' 꿈을 항상 존중해 주기만 한다면, 그들이 언급하는 내용을 통해 특별한 통찰을 얻을 수 있다. 한 번 더 강조하자면, 우리는 모두 꿈꾸는 자이며, 모두 개인적인 꿈 탐색을 위한 신뢰할 만한 동반자로서 도움을 줄 수 있는 능력을 지니고 있다.

꿈 나눔은 안전하고 신뢰할 만한 환경에서 일어날 때, 그리고 호기심과 개방성의 정신 가운데 이루어질 때 가장 강력한 효과를 발휘한다. 비록 따라야 할 특정한 지침을 제공하지는 않지만(자발성은 본질적인 것이다), 우리는 특정한 질문이 새로운 통찰력을 자극하는 데 특별한 도움이 될 수 있다고 생각한다. 이러한 질문은 다음과 같다.

- 구체성: 무한한 가능성들 가운데, 꿈의 상상력은 왜 이러한 특정 인물, 환경, 활동을 제시하고 있는가? 이 인물, 환경, 활동이 내 인생을 특별하게 만들거나 구별되게 하는 것은 무엇인가?
- 꿈에서 가장 선명한 요소, 가장 활기 있고, 강하고, 생생한 요소는 무엇인가?
- 꿈의 배경, 인물, 혹은 꿈의 전개에 갑작스러운 전환이나 변화는 없었는가? 갑작스럽게 혹은 예상하지 않은 어떤 일이 일어났는가?
- 꿈에서 가장 기괴하고, 이상하고, "비현실적인" 요소는 무엇인가? 깨어 있는 삶에서는 도저히 일어날 수 없는 것이 일어났는가?
- 꿈에서 눈에 띄게 대칭적이거나 대조되는 패턴이 있는가? 예를 들어 남성과 여성, 아이와 어른, 친지와 비친지, 세속과 성스러움, 선과 악, 뜨거움과 차가움, 건조함과 습함, 밤과 낮, 오름과 내림, 전진과 후진, 좌와 우, 흰색과 검정색, 죽음과 삶, 빛과 어둠의 구분.

이러한 종류의 질문을 하면서 그들이 어디로 이끌고 있는지 살펴보는 것은 꿈의 의미에 대한 새로운 영역을 열어줄 수 있다. 대부분의 꿈은 과거, 현재, 미래 요소를 하나로 모아 놓는다. 그러기에 각 시기와 꿈의 연관성을 성찰하는 것이 좋다.

이제 꿈 작업에 있어 개인적인 판단의 중요한 가치를 인식했기를 희망한다. 무엇이 진실인지, 무엇이 더 의미 있는지, 무엇이 당신이 처한 상황과 연관이 있는지를 판단하기 위해 자신의 감각을 대체할 만한 것은 없다.

이는 치명적인 질병으로 죽어 가는 사람들과 기본적인 방법으로 자신을 돌볼 능력을 상실한 사람에게는 어려운 일일 수도 있다. 하지만 그러한 상황에서도 여전히 꿈이 어디로 이끌고 있는지 판단할 수 있는 가장 적합한 사람은 당신이다. 당신은 아마 꿈을 나누고 그 과정의 일부를 동행할 사랑하는 사람이 있을 수도 있다. 하지만 당신은 궁극적으로 자신의 여정의 방향을 스스로 분별해야 한다.

꿈의 민주성

강력한 죽음예지 꿈을 경험할 수 있는 잠재성은 인간의 본성에 기인한다. 여성과 남성, 젊은이와 노인, 건강한 사람과 약한 사람, 종교적이거나 아닌 사람 등 셀 수 없이 다양한 사람들이 이러한 꿈 경험에 대해 보고한다. 역사와 인류학의 풍성한 증거는 꿈이 신성에 더 가까이 다가가기 위한 보편적인 접근 방법이라는 사실을 가르쳐 준다.

영적 꿈의 경험은 특별한 특성이나 훈련을 받은 사람 혹은 사회적 지위에 제한받지 않는다. 적어도 모든 사람은 선명하고, 실제적으로 의미 있는 꿈을 경험할 가능성을 지니고 있다. 그러므로 꿈은 종교적 체험의 자연스러운 원천으로 간주될 수 있으며, 모든 인간의 고유한 능력이라는 점에서 보편적인 현상이다.

어떤 사람이 죽음예지 꿈을 꾸게 된다면, 그 유익은 꿈을 꾼 사람을 넘어서는 경향이 있다. 지금까지 살펴봤던 몇몇 사례처럼, 그러한 꿈은 가족 전승의 일부가 되기도 하며, 오랜 세월 소중한 기억으로 공유된다. 또한 죽음예지 꿈은 누군가의 영적 변화를 위한 보고로서, 이를 듣게 된 다른 죽어 가는 환자들에게 영감을 불러일으키는 역할을 하며, 이를 통해 자기 자신의 꿈과 환상에 열려 있도록 만든다.

이 책에서 우리가 주장하는 가장 중요한 것은 죽음예지 꿈과 환상은 규칙적이고 건강한 현상이며, 때로 그것을 경험하는 사람에게 감정적으로 긍정적인 결과를 가져온다는 것이다. 이와 관련하여, 꿈과 환상이 본질적으로 동일하다고 생각하며, 우리가 주로 꿈에 관해 이야기하는 이유는 꿈이 매일 밤마다 잠자리에 들 때, 뇌와 정신 체계의 일반적 기능에 기초한 보다 자연스러운 현상이기 때문이다.

이것이 꿈이 환상보다 더 친숙한 이유이다. 환상은 깨어 있는 상태에서 일어나며, 꿈보다 덜 빈번하게 발생한다. 그럼에도 불구하고 꿈과 환상은 모든 사람에게 잠재된 깊은 창조적 능력의 표현이며, 우리는 이러한 잠재성에 대한 인식을 넓히려는 것이다. 사실 그러한 노력은 우리가 처음이 아니다. 지금까지 논의한 모든 것은 서구 문명뿐 아니라 많은 문화 전통과 역사에 뿌리를 두고 있다. 이는 참으로 오래된 지혜이다.

1,500여 년 전, 플라톤의 지혜와 기독교의 새로운 가르침을 결합한 북아프리카의 철학자이자 종교 지도자 키레네(Cyrene)의 시네시우스(Synesius)는 영적인 꿈에 대한 뛰어난 보고서를 기록하였다. 이 작품에서 그는 꿈의 민주적 힘에 대해 설득력 있게 진술하고 있다. 우리는 그

의 말을 인용하면서 이 책을 마치고자 한다.

꿈은 오백 메딤니[46] 정도의 가치를 소유한 사람에게나, 삼백 메딤니를 가진 사람에게나 공평하게 나타나며, 소작농보다 땅을 소유한 지주에게 더 많이 나타나지 않으며, 갤리(galley) 선박의 노예나 일반 노동자, 세금 면제자나 납부자 모두에게 동일하게 나타난다. 그가 시민이든 새로 산 노예이든 간에 그 [꿈이라는] 신에게는 아무런 차이가 없다.

이렇게 모든 사람에게 가능한 접근성은 [꿈을 통해] 운명을 매우 고결하게 만든다. 그 단순하고 소박한 성격은 세상을 달관한 현자의 모습이며, 폭력에도 전혀 영향받지 않는 자유는 신성함까지 느끼게 한다. … 꿈의 운명과 관련하여, 우리 모두는 필연적으로 그의 도구이며, 아무리 원한다 할지라도 신탁에서 벗어나는 것은 불가능하다.

집에 있을 때 그녀는 우리와 함께 거하고, 우리가 해외에 나간다 해도 그녀는 우리와 동반한다. 그녀는 전쟁에서 우리와 함께 있고, 도시 생활에서 우리의 편에 있으며, 물물교환하는 시장에서도 함께 있고, 노동의 현장에도 함께 한다. 사악한 정부의 법도 그녀를 금지하지 않으며, 원한다 해도 그렇게 할 힘이 없다. 그녀를 부르는 사람들에 대한 증거가 없기 때문이다.

폭군이라도, 적어도 그의 왕국에서 수면을 추방시키지 않는 이상 결코 꿈꾸는 것을 막을 방도는 없다. 그녀에게는 우리가 젊든 나이가 많든,

---

46) 역자 주: 메딤니(medimni)는 메딤노스(medimnos)의 복수형으로 고대 그리스에서 사용한 곡물 측정 단위이다. 1메딤니는 약 52리터 정도이다.

가난하든 부유하든, 거주민이든 통치자이든, 도시에 살든 시골에 살든, 직공이든 연설자이든 상관없다. 인종, 나이, 상황이나 부름을 따지지 않는다. 열성적인 선지자이자 지혜로운 조언자인 그녀는 우리가 어디에 있든 우리 모두와 함께한다.[47]

47) Synesius 1930.

• Augustine. 1870. The Works of Aurelius Augustine, Volume XIII: The Letters of Saint Augustine. Translated by J.G. Cunningham. Edinburgh: T&T Clark.

• Bosnak, Robert. 1989. Dreaming with an AIDS Patient. Boston: Shambhala.

• Bulkeley, Kelly. 1997. An Introduction to the Psychology of Dreaming. Westport: Praeger.

• Cartwright, Rosalind, and Lynne Lamberg. 1992. Crisis Dreaming. New York: Harper Collins.

• Clift, Jean Dalby, and Wallace B. Clift. 1988. The Hero Journey in Dreams. New York: Crossroad.

• Dement, William C., and Christopher Vaughn. 1999. The Promise of Sleep. New York: Dell.

• Domhoff, G. William. 1993. The Repetition of Dreams and Dream Elements: A Possible Clue to a Function of Dreams. In The Functions of Dreaming, edited by A. Moffitt, M. Kramer and R. Hoffmann. Albany: State University of New York Press.

• ____. 1996. Finding Meaning in Dreams: A Quantitative Approach. New York: Plenum.

• ____. 2003. The Scientific Study of Dreams: Neural Networks, Cognitive Development, and Content Analysis. Washington, D.C: American Psychological Association.

• Doniger, Wendy. 1998. The Implied Spider: Politics and Theology in Myth. New York: Columbia University Press.

• Foulkes, David. 1999. Children's Dreaming and the Development of Consciousness. Cambridge: Harvard University Press.

• Fourtier, Millie Kelly. 1972. Dreams and Preparation for Death. Ann Arbor: University Microfilms.

• French, Thomas, and Erika Fromm. 1964. Dream Interpretation: A New Approach. New York: Basic Books.

• Hall, James A. 1993. The Unconscious Christian: Images of God in Dreams. Mahwah: Paulist Press.

• Hartmann, Ernest. 1995. Making Connections in a Safe Place: Is Dreaming Psychotherapy? Dreaming 5(4): 213-228.

• ____.1998. Dreams and Nightmares: The New Theory on the Origin and Meaning of Dream. New York: Plenum.

• Hesiod. 1973. Theogony. Translated by D. Wender. New York: Penguin Books.

• Hobson, J. Allan. 1999. Dreaming as Delirium: How the Brain Goes out of Its Mind. Cambridge: MIT Press.

• Hobson, J. Allan, Ed Pace-Schott, and Robert Stickgold. 2000. Dreaming and the Brain: Towards a Cognitive Neuroscience of Conscious Sates. Behavioral and Brain Sciences 23(6): 793-842.

• Hollan, Douglas. 2003. Selfscape Dreams. In Dreaming and the Self: New Perspectives on Subjectivity, Identity, and Emotion, edited by J, M. Mageo. Albany: State University of New York Press.

• James, William. 1958. The Varieties of Religious Experience. New York: Mentor.

• Jedrej, M. C., and Rosalind Shaw eds. 1992. Dreaming, Religion, and Society in Africa. Leiden: E. J. Brill.

• Jung, C. G. 1968. Man and His Symbols. New York: Dell.

• ____. 1974. General Aspects of Dream Psychology. In Dreams. Princeton: Princeton University Press.

• ____. 1974. On the Nature of Dream. In Dreams. Princeton: Princeton University Press. Original edition, 1948.

• Kelsey, Morton. 1991. God, Dreams, and Revelation: A Christian Interpretation of Dreams. Minneapolis: Augsburg Publishing.

• Lakoff, George. 2001. How Metaphor Structures Dreams: The Theory of Conceptual Metaphor Applied to Dream Analysis. In Dreams: A Reader on the Religious, Cultural, and Psychological Dimensions of Dreaming, edited by K. Bulkeley. New York: Palgrave.

• Lakoff, George, and Mark Johnson. 1980. Metaphors We Live By. Chicago: University of Chicago Press.

• Lincoln, Jackson Stewart. 1935. The Dream in Primitive Cultures. London: University of London Press.

• Miller, Patricia Cox. 1994. Dreams in Late Antiquity: Studies in the Imagination of a Culture. Princeton: Princeton University Press.

• Moffitt, Alan, Milton Kramer, and Robert Hoffman, eds. 1993. The Functions of Dreaming. Albany: State University of New York Press.

- Ong, Roberto K. 1985. The Interpretation of Dreams in Ancient China. Bochum: Studienverlag Brockmeyer.
- Pace-Schott, Ed, Mark Solms, Mark Blagrove, and Stevan Harnard, eds. 2003. Sleep and Dreaming: Scientific Advances and Re-Considerations. Cambridge: Cambridge University Press.
- Plato. 1961. Crito. In Plato: Collected Dialogues. Edited by E. Hamilton and H. Cairns. Princeton: Princeton University Press.
- Revonsuo, Aunty. 2000. The Reinterpretation of Dreams: An Evolutionary Hypothesis of the Function of Dreaming. Behavioral and Brain Sciences 23 (6).
- Salisbury, Joyce E. 1997. Perpetua's Passion: The Death and Memory of a Young Roman Woman. New York: Routlledge.
- Stanford, John. 1982. Dreams: God's Forgotten Language. New York: Crossroads.
- Savary, L. M., P. H. Berne, and Strephon Kaplan Williams. 1984. Dreams and Spiritual Growth: A Christian Approach to Dreamwork. Mahwah: Paulist Press.
- Smith, Huston. 1965. Condemned to Meaning. New York: Harper & Row.
- Synesius. 1930. The Essays and Hymns of Synesius of Cyrene. Translated by A. Fitzgerald. London: Oxford University Press.
- Taylor, Jeremy. 1983. Dream Work. Manwah: Paulist Press.
- _____. 1992. Where People Fly and Water Runs Uphill. New York: Warner Books.
- Teno, J. M. et al. 2004. Family Perspectives on End-of-Life Care at the Last Place of Care. Journal of the American Medical Association 291: 88-93.
- Thomson, Sandra A. 1994. Cloud Nine: A Dreamer's Dictionary. New York: Avon Books.
- Van de Castle, Robert. 1994. Our Dreaming Mind. New York: Ballantine Books.
- Wulff, David. 1997. Psychology of Religion: Classic and Contemporary. New York: John Wiley & Sons.
- Young, Serinity. 1999. Dreaming in the Lotus: Buddhist Dream Narrative, Imagery, and Practice. Boston: Wisdom Publications.

가장 감사한 것은 우리에게 관대히 꿈 이야기를 나눠준 사람들이다. 비록 그들의 사적 비밀 유지를 위해 세부적인 사항을 수정하였지만, 그들이 경험한 진실을 그대로 유지하려고 노력하였다. 여러 교육기관, 특히 샌프란시스코신학대학원(San Francisco Theological Seminary), 프린스턴신학대학원(Princeton Theological Seminary), 시카고대학신학부(the University of Chicago Divinity School), 연합신학대학원(Graduate Theological Union)으로부터 배운 모든 것에 감사한다. 몇몇 동료가 우리의 작업을 발전시키기 위해 값을 헤아릴 수 없는 귀한 도움을 주었다. 이들에게 특별한 감사의 마음을 전한다.

샌프란시스코신학대학원의 루이스 람보(Lewis Rambo), 로이 페어차일드(Roy Fairchild), 루스 앤 클락(Ruth Ann Clark), 샌드라 브라운(Sandra Brown), 영성 지도자 인터내셔널(Spiritual Directors International)의 메리 앤 스코필드(Mary Ann Scofield), 마린 호스피스(Hospice of Marin)의 메리 타버나(Mary Taverna), 프린스턴신학대학원의 제임스 로더(James Loder), 스타킹학교(Starr King School) 목회자 제레미 테일러(Jeremy Taylor), 비콘출판사(Beacon Press)의 훌륭한 직원 에이미 컬드웰(Amy Caldwell), 리사 색스(Lisa

Sacks), 제니퍼 윤(Jennifer Yoon)은 어느 저자도 바랄 수 없을 만큼 우리 프로젝트를 잘 돌봐주었다. 글을 쓰는 모든 과정에 가족이 함께하며 우리의 노력을 지지해 주고 우리의 꿈을 격려해 주었다. 힐러리(Hilary), 네드(Ned), 미쉘(Michelle), 알렉스(Alex), 캐빈(Kevin), 딜런(Dylan), 마야(Maya), 제이크(Jake), 알렉(Alec), 코너(Conor), 아만다(Amanda)에게 감사한다.

우리(Kelly and Tish)의 성(Last name)은 스펠링 하나 차이다. 이는 같은 가족 이름의 변형이다. 1635년에 세상을 떠난 청교도 목사 피터 버클리(Peter Bulkeley)는 새로운 교회 공동체를 창설했고, 그곳은 지금 메사추세츠(Massachusetts) 주 콘코드(Concord) 시이다. 티쉬와 남편 네드는 "e"가 빠진 가족 혈통이며, 켈리의 큰 아들은 성을 발음할 때면 뒤에 붙은 "e"를 빼고 말한다.